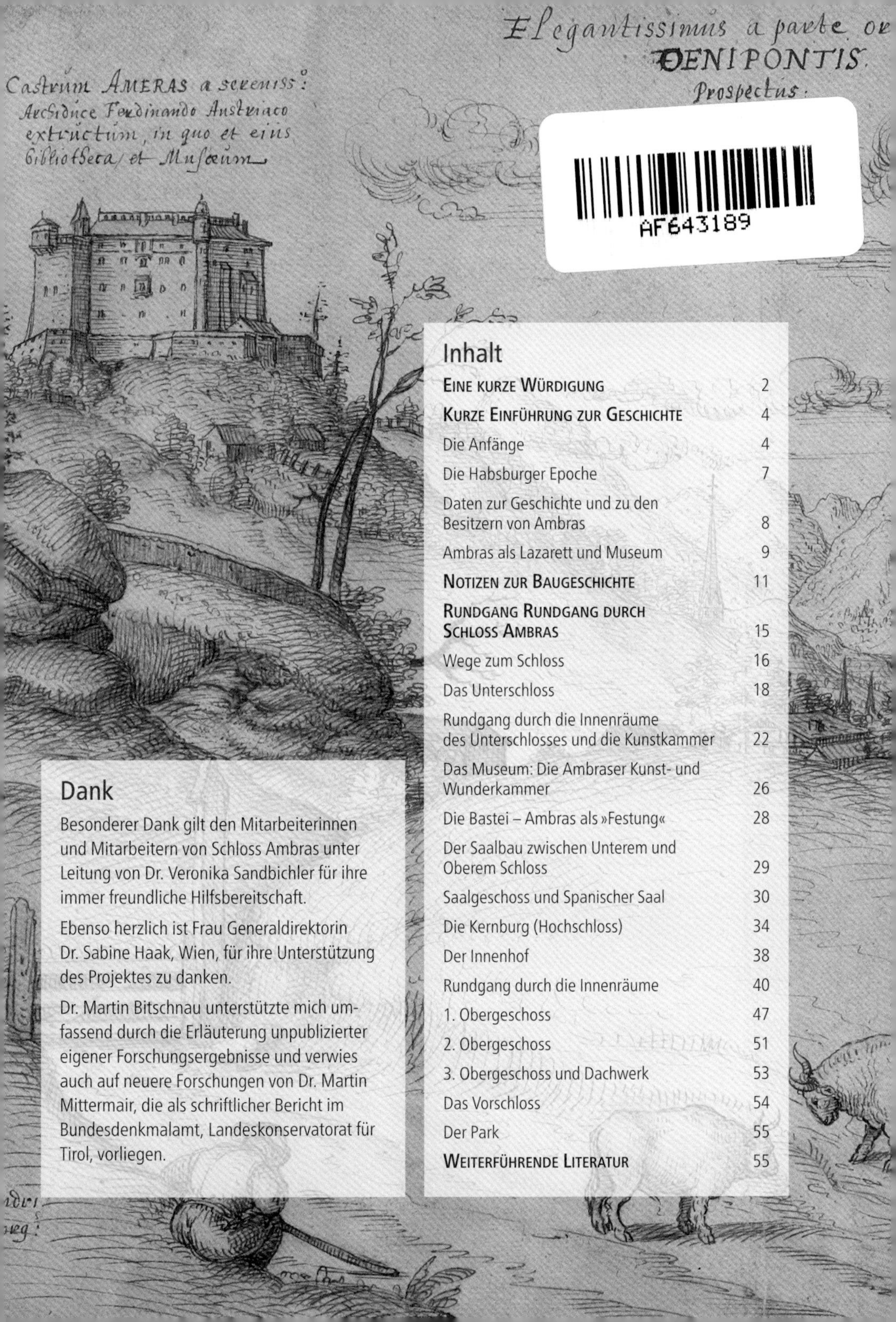

Inhalt

Dank

Besonderer Dank gilt den Mitarbeiterinnen und Mitarbeitern von Schloss Ambras unter Leitung von Dr. Veronika Sandbichler für ihre immer freundliche Hilfsbereitschaft.

Ebenso herzlich ist Frau Generaldirektorin Dr. Sabine Haak, Wien, für ihre Unterstützung des Projektes zu danken.

Dr. Martin Bitschnau unterstützte mich umfassend durch die Erläuterung unpublizierter eigener Forschungsergebnisse und verwies auch auf neuere Forschungen von Dr. Martin Mittermair, die als schriftlicher Bericht im Bundesdenkmalamt, Landeskonservatorat für Tirol, vorliegen.

Schloss Ambras. Eine kurze Würdigung

Schloss Ambras (Innsbruck) wurde als Wohnsitz Erzherzog Ferdinands II. von Österreich im 16. Jahrhundert ausgebaut und um einen der ersten Museumsbauten weltweit bereichert. Im Kern handelt es sich aber um eine Burg der Zeit um 1100. Dieser ungewöhnliche frühe hochromanische Bau wurde seit dem späten Mittelalter und vor allem ab 1563 stark überformt, so dass wir

SCHLOSS
AMBRAS
INNSBRUCK

scheinbar vor einem Renaissanceschloss stehen. Für den Umbau einer mittelalterlichen Höhenburg zu einem Renaissanceschloss ist Ambras beispielhaft für das gesamte folgende Jahrhundert. Weit über Tirol hinaus sind der Spanische Saal, der Renaissanceausbau der Kernburg mit dem Bad, die Grisaille-Malereien der Innenhof-Fassade und die herausragenden Sammlungen im Unterschloss berühmt.

Blick vom Unterschloss über den Park und den Saalbau zum Hochschloss

Kurze Einführung zur Geschichte

Die Anfänge

Georg Hoefnagel (1542–1600) nach Alexander Colin: Ausschnitt aus der Ansicht des Inntals von Osten, »Castrum Ameras« mit Nennung von Bibliothek und Museum

Margarete Maultasch, Portraitgemälde im Spanischen Saal, stark erneuert, Mitte des 19. Jh.

Um die Jahrtausendwende war der wichtigste Machthaber im Inntal das Herzogtum Bayern, im Laufe des 11. Jahrhunderts erlangte der Bischof von Brixen eine landesherrlich-führende Stellung. Offenbar besaß der Bischof von Brixen bereits im 10. Jahrhundert Güter in »Omaras«, womit jedoch das Dorf gemeint sein dürfte. Die erste gesicherte archivalische Nennung erfolgte im Jahr 1078, die einen Otto de Omerase erwähnt. Damit ist Graf Otto II. Andechs-Diessen († um 1120) zu identifizieren, dem die Erwerbung der Umgebung von Am(b)ras als andechsischem Eigenbesitz gelang und hier einen zentralen Ort für die Verwaltung dieses Besitzes schuf, offensichtlich die Burg, nach der sich die Grafen mitunter benannten, allerdings nicht immer. Die frühe Geschichte sowohl der Grafen von Andechs-Diessen als auch der Burg Ambras weist allerdings noch erhebliche Lücken auf. Die Burg Ambras war offenbar in dieser Zeit Sitz des Herrschers und beherbergte vermutlich auch Ministerialen, die sich um die Verwaltung zu kümmern hatten. Fast ein Dutzend Ministerialen lassen sich in den Akten des 12. Jahrhunderts nachweisen.

In einer Auseinandersetzung mit den welfischen Herzögen von Bayern wurde Ambras 1133 durch Truppen Herzog Heinrichs des Stolzen (1102/08–1139) belagert und zerstört, die einzige überlieferte Belagerung der Burg. Dies dürfte seine Ursache darin haben, dass bei der Investitur (Einsetzung) Heinrichs von Wolfratshausen als Bischof von Regensburg dessen Neffe Otto (V.?) von Andechs-Diessen, Nachfahre des Otto de Omrase (Otto II.), sich auf die Seite seines Onkels stellte und dadurch in Konflikt mit den welfischen Bayernherzögen geriet.

Jakob Seisenegger (1505–1567): Die Kinder Kaiser Ferdinands I.: Maximilian II., Kaiser von 1564 bis 1576, Erzherzog Ferdinand II. und ihr als Kleinkind verstorbener Bruder Johann

△ Erzherzog Ferdinand II. (1529–1595), Portrait nach 1557
▷ Philippine Welser (1527–1580), Portrait um 1557

Wappen Erzherzog Ferdinands II. auf einem Glasglockenklavier, vor 1596

Schloss Ambras von Südwesten, Ausschnitt aus dem Portraitgemälde Ferdinands II. im Spanischen Saal, um 1570, stark erneuert Mitte des 19. Jh.

Nach Versöhnung und der Arrondierung der Andechser Herrschaft blieb die Herrschaft der Grafen bis weit ins 13. Jahrhundert bestehen. Auf dem Heirats- und Erbwege gelangte Ambras im 13. Jahrhundert an die fränkischen Grafen von Hirschberg und weiter an den mit Hirschberg verschwägerten Graf Meinhard (III.) von Görz (um 1193–1258). Dieser erlangte zusätzlich die Grafschaft von Tirol, hier gezählt als Graf Meinhard I. Fortan war Ambras zwar eine landesherrlich-tirolerische Burg, wurde aber von Pflegern verwaltet und immer wieder auch verpfändet; Hauptsitze der Grafschaft waren Burg Tirol bei Meran und die Burg in Innsbruck selbst.

Die Habsburger Epoche

Ein grundlegender Machtwechsel ergab sich 1369. Mit Heinrich VI., Herzog von Kärnten, Graf von Tirol, starben die Tirol-Görzer im Mannesstamm aus, Erbe der Grafschaft Tirol wurde Margarete (1318–1369), der man später den verunglimpfenden Namen »Maultasch« andichtete. Sie wurde 1330 mit Johann Heinrich von Böhmen verheiratet, immerhin der Bruder des böhmischen Thronfolgers und nachmaligen Kaisers Karl IV., den sie jedoch nach einigen Jahren aus der Herrschaft vertreiben konnte. Nunmehr heiratete sie – ohne rechtsgültige Scheidung – 1342 Ludwig V. von Wittelsbach. Allerdings starb 1363 der gemeinsame Sohn, Meinhard III. von Wittelsbach. Margarete übertrug die Grafschaft nunmehr an den Habsburger Rudolf IV. von Österreich; mit ihrem Tod 1369 war die Angliederung Tirols an Österreich endgültig vollzogen. Damit gelangte auch Ambras an die Habsburger. In die betreffenden Auseinandersetzungen war allerdings Burg Ambras – im Gegensatz zu Burg Tirol – nicht direkt einbezogen.

Während des gesamten Spätmittelalters scheint die Burg als befestigter Wohnsitz nicht sehr bedeutend gewesen zu sein, erst mit dem Aufstieg Innsbrucks zur Residenzstadt sollte sich dies ändern. Noch unter Erzherzog Sigismund (1427–1496) war Ambras vornehmlich Sitz für die Herzogin, vornehmlich als Witwensitz. Sigismund war mit Eleonore von Schottland und nach ihrem Tod mit Katharina von Sachsen verheiratet. Selbst für die Kriegszüge Kaiser Maximilians I. spielte Ambras keine Rolle, zumal er zur Lagerung seiner bedeutenden Artillerie 1499/1502 das Zeughaus vor den Toren Innsbrucks hatte errichten lassen.

Johann Bocksberger (zugeschr.): Portrait der Philippine Welser, nach 1576

Mit dem Tod Kaiser Maximilians I. 1519 ging die Königs- und Kaiserkrone an seinen Enkel Karl V., nach dessen Rücktritt 1556 an den zweiten Enkel, Ferdinand I. über. Dieser war bereits seit 1521 Erzherzog der österreichischen Erblande und

Daten zur Geschichte und zu den Besitzern von Ambras

1078	erste urkundliche Erwähnung von Otto de Omaras (Otto II. von Andechs-Diessen)
Um 1123	Ministerialen der Grafen von Andechs werden urkundlich erwähnt Graf Otto. II. von Andechs-Diessen († um 1122)
	Grafen von Andechs-Meranien
	Graf Albert III. von Tirol
	Teilung auf die Schwiegersöhne: Graf Gebhard von Hirschberg und Graf Meinhard von Görz (um 1193–1258)
	Meinhard II. von Görz-Tirol (um 1239–1295)
	Heinrich von Görz-Tirol (um 1265/73–1335)
	Johann Heinrich von Luxemburg (1322–1375), verh. mit Margarete (»Maultasch«) von Görz-Tirol (1318–1369), entmachtet 1340
	Ludwig von Brandenburg (1315–1361), 1342 verh. mit Margarete (»Maultasch«) von Görz-Tirol
1363	Überschreibung Tirols an die habsburgischen Erzherzöge von Österreich Erzherzog Sigismund (1427–1496)
	Kaiser Maximilian I. (1459–1519)
	Kaiser Karl V. (1500–1558)
	Kaiser Ferdinand I. (1503–1564)
1563/64	Rückkauf verpfändeter Anteile der Burg
	Erzherzog Ferdinand II. (1529–1595), 2. Sohn Kaiser Ferdinands
	Philippine Welser, Ehefrau des Erzherzogs Ferdinand (1527–1580)
	Karl von Burgau, nicht nachfolgeberechtigter Sohn Ferdinands II. (1560–1618)
1607	Verkauf von Ambras an Kaiser Rudolf II. (1552–1612)
17./18. Jh.	keine herrschaftliche Nutzung
	Erzherzog Karl Ludwig (1833–1896), 1855 Statthalter in Tirol, Nutzung bis 1861
1880	Umwidmung in ein Museum
1913	Kurzzeitig Sommerresidenz für Erzherzog Franz Ferdinand († 1914)
1919	Übergang an die Republik Österreich
1922 und 1948	Wiedereröffnung als Museum

damit auch Herrscher über Tirol. 1563 beendete er die Zeit der Pfandschaft von Burg Ambras und übergab die Burg seinem Sohn Erzherzog Ferdinand II. (1529–1595), der ab 1564 Tiroler Landesfürst war. Ferdinand II. hatte 1557 Philippine Welser (1527–1580) geheiratet, die Tochter des Augsburger Bürgers und Kaufmanns Franz Welser. Da sie nicht aus einem adligen Geschlecht stammte, war die Ehe nicht anerkannt; Ferdinand I. akzeptierte sie unter der Zusage der Geheimhaltung. Erst als der dieser Ehe entsprossene Sohn Andreas 1576 zum Kardinal ernannt wurde, konnte die Geheimhaltung beendet werden. Ferdinand II. schenkte Burg Ambras seiner Gemahlin und sicherte ihr damit zugleich die Versorgung.

Ferdinand II. selbst war zunächst Vertreter seines Vaters Ferdinand I. in Böhmen, auch wenn eine offizielle Berufung nach Tirol erst 1564 durch seinen Bruder Kaiser Maximilian II. (1527–1576) erfolgte. Zu diesem Zeitpunkt war Erzherzog Ferdinand II. gerade dabei, seinen Hauptsitz wieder nach Innsbruck zu verlegen. Bei seiner 1567 vollzogenen Rückkehr dorthin brachte er eine Reihe von Künstlern aus Prag mit. Der Ausbau von Ambras hatte in den Jahren um 1566 seinen Höhepunkt, die erweiterte und erneuerte

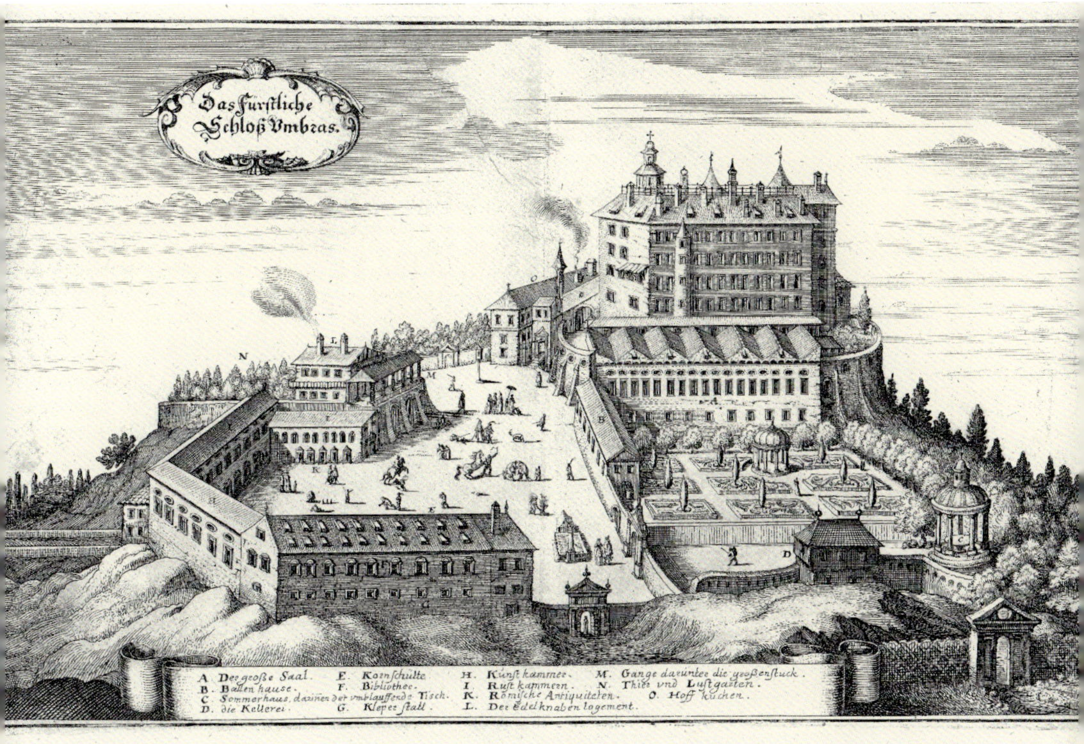

Matthäus Merian: Schloss Ambras, Unterschloss, Saalbau und Hochschloss von Süden, Kupferstich von 1649

Burg konnte von Ferdinand und seiner Gemahlin vermutlich ab 1567 genutzt werden, der Saalbau wenige Jahre später. Die erhaltenen Inventare geben Aufschluss über Funktion und Nutzung der neuen Innenräume. Für Philippine war Ambras Hauptsitz und Mittelpunkt des täglichen Lebens. Philippine starb 1580.

Mit dem Tod Ferdinands im Jahre 1595 endete die unmittelbare Nutzung des Schlosses durch den Landesherrn. Sein Sohn und Erbe Karl von Burgau verkaufte Schloss und Sammlungen nach einigen Jahren, 1607, an Kaiser Rudolf II., der die Sammlungen jedoch in Ambras beließ. Heute befindet sich der größere Teil der Sammlungen im Kunsthistorischen Museum in Wien.

Ambras als Lazarett und Museum

Mit dem Tod Rudolfs II. endet die herrschaftliche Nutzung der Burg für die folgenden zwei Jahrhunderte völlig. Ambras ist offenbar weiterhin Amtssitz, als Wehranlage spielte sie trotz bescheidener festungsartiger Ausbauten bereits um 1570 keine Rolle. In den napoleonischen Kriegen diente das Schloss als Lazarett. Der Bruder Kaiser Franz Josephs, Erzherzog Karl Ludwig, nutzte Ambras für einige Jahre als Sommerresidenz, nachdem er 1855 zum Statthalter für Tirol ernannt worden war. Nach dem Verzicht auf dieses Amt

Schloss Ambras als Museum (heute): Spätgotischer Georgsaltar im Sockelgeschoss des ehem. Bergfrieds

1861 verschlechterte sich der Bauzustand des nun ungenutzten Schlosses, bis 1880 im Hinblick auf die Neueinrichtung des Museums Restaurierungen durchgeführt wurden. 1913 wurde es erneut zur Sommerresidenz erklärt, Thronfolger Franz Ferdinand ließ zu Lasten des Museums das Bauwerk erneut restaurieren. Seine Ermordung in Sarajewo machte weitere Ausbaupläne jedoch zunichte. Zu diesen Plänen gehörte ein elektrischer Aufzug, dessen Verwirkung mehr als 100

Holzmodell von 1839, Blick von Norden auf Hochschloss und Unterschloss, noch mit dem Verbindungsgang zwischen Hochschloss und Vorburg, sowie den Bastionen

Jahre später, 2024, erfolgte. Nach der Verstaatlichung eröffnete 1922 erneut das Museum, nach der NS-Zeit und dem Zweiten Weltkrieg 1948 ein drittes Mal, unterstellt dem Kunsthistorischen Museum in Wien als zentralem österreichischen Bundesmuseum.

Notizen zur Baugeschichte

Auf den ersten Blick wirkt Ambras wie eine neuzeitliche Anlage aus einem außen unregelmäßigem Hochschloss, dem vorgebauten Saalbau und einem aus vier Flügeln bestehenden polygonalen Unterschloss, scheinbar alle aus dem 16. Jahrhundert. Tatsächlich steckt, wie der Grundriss zeigt, im Hochschloss ein erheblich älteres Bauwerk. Insgesamt können wir ohne die Restaurierungen des 19. und 20. Jahrhunderts sechs Hauptbauphasen unterscheiden – tatsächlich dürfte es viel mehr gegeben haben, doch ist eine so differenzierte Bauentwicklung nicht ablesbar.

Im Grundriss des Erdgeschosses zeichnet sich links des Treppentürmchens das kräftige Mauerwerk eines turmartigen Bauwerks im Südwesten ab, das allerdings das Dach nicht (mehr) überragt. Es handelt sich um den Bergfried, der wahrscheinlich auf das 13. Jahrhundert zurückgeht. Aber auch der Bergfried ist nicht das älteste Bauwerk, sondern schon die dritte Bauphase.

Der Ursprungsbau geht vermutlich auf das 12. Jahrhundert zurück, nach Martin Bitschnau vielleicht sogar in die Zeit um 1100, also vor der überlieferten Zerstörung 1133. Dazu gehört die Ringmauer der Kernburg im Norden, Westen und auf der Außenseite des Bergfrieds, dort allerdings nicht so dick wie heute. Im Südosten muss die älteste Mauer etwas weiter im Burginnern als die heutige Mauer verlaufen sein. Im Keller unter der Badestube taucht die Mauer wieder auf und zwar so, dass die Badestube außen an die älteste Ringmauer angesetzt wurde. Diese älteste Mauer lag also innerhalb des heutigen Südflügels, die

Rekonstruktionszeichnung Ambras von Südwesten um 1200

schräge Mauer zwischen Badestube und Treppenhaus im Osten gehört dazu.

Gleichzeitig oder wenig später (noch im 12. Jh.) wurde in einer zweiten Bauphase im Norden an die Ringmauer ein Wohnflügel angefügt, der in seinem Mauerwerk im Wesentlichen noch erhalten ist, so dass die Burg nun einen nördlichen Wohnflügel aufwies. Der älteste Wohnbau umfasst den Bereich der sechs Gewölbejoche der heutigen Gaststätte, allerdings nur die Außenmauern und möglicherweise nur im Erdgeschoss, eventuell noch im 1. Obergeschoss.

In einer dritten Phase wurde die Ringmauer in der Südwestecke verstärkt und hier ein Bergfried errichtete – es könnte auch ein Wohnturm gewesen sein, doch wissen wir das nicht. Diese dritte Phase gehört erst in die Zeit um 1200 oder in das 13. Jahrhundert. Gleichzeitig wurde offenbar der Wohnbau nach Westen und Osten vergrößert und umfasste nun fast den gesamten Nordflügel.

In einer vierten und fünften Bauphase wurde im Nordosten die gotische Kapelle über die Ringmauer hinaus angebaut (nach Martin Mittermair im 1. Drittel des 14. Jh.) und im 15. Jahrhundert im Südosten ein rechteckiger niedriger Turm errichtet, in dem man im späteren 16. Jahrhundert die Badestube einrichtete. Auch dieser Turm sitzt wie gesagt vor der ältesten Ringmauer.

Die sechste und besonders prägende Bauphase ab etwa 1565/66 umfasst die Errichtung des südlichen Wohntraktes, die Aufstockung um ein viertes Geschoss sowie der beiden Treppenhäuser im Westen und Osten. Zur Vereinheitlichung der Fassaden gehört auch die Überdeckung mit Grisaille-Malereien. Bekannteste Baumaßnahme dieser Bauphase ist die Einrichtung der Räumlichkeiten mit der Badestube in einem älteren turmartigen Gebäude.

Der Saalbau direkt vor der Kernburg, aber tief im Grabenbereich gelegen, entstand 1570–1572 und gehört damit zur sechsten Bauphase.

Rekonstruktionszeichnung Ambras von Südwesten um 1300

Rekonstruktionszeichnung
Ambras von Südwesten
um 1500

Rekonstruktionszeichnung Ambras von Südwesten um 1580

Saalbau und Unterschloss waren durch das Ballhaus verbunden, das 1880 abgebrochen wurde. Das Unterschloss im Südwesten des Hochschlosses stammt aus den Jahren um 1572–1583, also ebenfalls in dieser Bauphase, von einem möglichen Vorgängerbau ist nichts erhalten. Schließlich stammt auch das »Vorschloss« westlich vor dem Kernburgtor aus dem 3. Viertel des 16. Jahrhunderts. Hier hat es mit Sicherheit zuvor einen mittelalterlichen Torbau gegeben. Die Errichtung feuerwaffentauglicher Befestigungen im Eingangsbereich erfolgte im letzten Drittel des 16. Jahrhunderts und bildet wahrscheinlich den Beginn des Ausbaus des Unterschlosses, aber bereits nach wenigen Jahren durch Anbauten verstellt.

Zu den Umbauten des 19. Jahrhunderts gehört die Errichtung des Beamtenhaus 1856–1858 anstelle des Edelknabenhauses mitten auf der Bastei nördlich des Unterschlosses. Das zwischen Saalbau und Unterschloss gelegene Ballhaus wurde abgebrochen. In der Kernburg entstand an drei Seiten ein eingeschossiger Gang aus Eisen und Glas in der Höhe des zweiten Obergeschos-

Rekonstruktionszeichnung Ambras von Südwesten um 1860

ses, was zur starken Beschädigung der Malereien führte. Der nicht mehr erkennbare Bergfried erhielt ein neugotisches Türmchen auf der Außenseite und nach einigen Jahrzehnten einen barocken Dachreiter auf der Hofseite. Der größte äußerlich sichtbare Umbau betraf die schmale Vorburg, die durch eine neue breite Auffahrt zum Hochschloss von diesem räumlich getrennt wurde.

Restaurierungen wurden ab den 1970 Jahren vorgenommen, insbesondere mit Wiederherstellung bzw. Rekonstruktion der umfangreichen Gemälde im Saalbau und im Schlosshof.

Rundgang durch Schloss Ambras

Wege zum Schloss

Man erreicht das Schloss auf kurzen Fahr- und Fußwegen vom Stadtrand Innsbrucks aus. Die Straße von Innsbruck nach Aldrans führt direkt am Schloss vorbei. Dies ist auch der historische Hauptzugang, mit einem durch eine Bastion gesicherten Tor.

14
13
12
16
8
3
4
2
1

Schloss Ambras, Vogelschauzeichnung heute

Das Unterschloss

Das Äußere

Das Unterschloss entstand 1570 bis 1582 als Neubau. Ein auffallend schlichtes Tor empfängt den Besucher. Es handelt sich um ein Barockportal mit »gesprengtem« Giebel und einem gedrückten Torbogen, im Giebel mit einem Wappen von 1881, das sich auf Erzherzog Ferdinand II. bezieht. Die Verwendung des Brekkziensteins lässt an eine Errichtung um 1680 denken, wie an vielen Bauten in Innsbruck als Folge zweier schwerer Erdbeben im Bereich Innsbruck und Hall in den Jahren 1670 und 1689. Das Portal befand sich ursprünglich an der rechten Ecke, da die Front des Bauwerks ab 1589 bis zum Abbruch 1881 durch ein zusätzliches Sammlungsgebäude – die »Heldenrüstkammer« – verdeckt war, das hier nachträglich außen angebaut war. Denkbar wäre auch, dass das Tor zunächst mittig stand, nach wenigen Jahren an die Ecke versetzt und 1881 zurückversetzt wurde.

Das Haupttor zum Unterschloss

Unterschloss mit dem Haupttor und die westliche Bastion

Das Unterschloss vom Hochschloss aus gesehen, links Kornschütte, dann Trakt 4 und Torflügel Trakt 2, rechts das ehem. Beamtenhaus

Unterschloss, Säulen und Pfeiler stützen die Museumsetage des »Traktes 4«

Das Museum: Die Ambraser Rüstkammern

Als ideales Gebäude zur Unterbringung von Sammlungen empfiehlt der Sammlungstheoretiker Samuel Quiccheberg 1565 einen vom Wohnsitz unabhängigen, freistehenden, vierflügeligen Museumsbau. Die saalartigen, langgestreckten Flügel sollten miteinander verbunden sein, ein ungehindertes Umhergehen innerhalb der Sammlungen ermöglichen und einen Hof oder Garten umschließen, wofür der Begriff »Amphitheater« anzuwenden sei. Quiccheberg orientierte sich dabei an der Münchner Kunstkammer, die dieses Kriterium eindrucksvoll erfüllte. Doch auch in Ambras ist aufgrund der deutlich vom Hochschloss im Norden und vom Gartenparterre im Osten abgetrennten Lage eine Trennung von Wohnen und Sammeln erkennbar.

Nach Quicchebergs Vorstellung sollte auch die Bibliothek Bestandteil des Museums sein, um mit ihm zusammen eine Enzyklopädie des gesamten Wissens ihrer Zeit zu bilden. Die Ambraser Sammlungsgebäude im Unterschloss waren mit der Bibliothek im Kornschüttgebäude über einen zweigeschossigen vorgeblendeten Arkadengang verbunden. Die Rüstkammern auf Schloss Ambras zeichnen sich dadurch aus, dass es sich um eine systematisch angelegte Sammlung handelt. Die Grundlage dafür bildete eine damals gänzlich neue und einzigartige Idee des Sammelns und Präsentierens, die Erzherzog Ferdinand umsetzte. In Kästen aus Zirbenholz stellte er Rüstungen und Waffen von berühmten Persönlichkeiten aus der Vergangenheit und Gegenwart aus, um an ihre herausragenden und ruhmreichen Taten zu erinnern. Die vorne offenen Kästen bilden einen eigenen architektonischen Raum und verleihen den ausgestellten Harnischen eine starke statuenhafte Präsenz. Nach Ferdinands Tod erschien das dazugehörige Druckwerk Armamentarium Heroicum (Heldenrüstkammer) mit ganzfigurigen Kupferstichen und Lebensbeschreibungen der »Helden«. In der Vorrede an den »guethertzigen Leser« schreibt Ferdinands Sekretär, Jakob Schrenck von Notzing, dass die Harnische und Waffen »theils mit grosser mühe vnd kosten zusammengebracht / theils ihrer Fürstl: Durchl: von derselbigen namhafften Fürsten vnnd Helden […] zugeschickt worden / vnnd in der weyt berühmten Rüstkammer / welliche höchstgemelte Fürtl: Durchl: in dem Fürstlichen Schloß Ombras […] insonderheit hierzu erbawt / zu ewiger gedächtnuß auffbehalten«. Hier folgt Erzherzog Ferdinand dem Gedanken der Memoria bzw. Gedachtnus seines für ihn vorbildlichen Urgroßvaters Kaiser Maximilian I., der durch von ihm beauftragte Kunstwerke als edler Ritter und großer Kriegsmann, als Beschützer der Christenheit, als direkter Nachfahre der römischen Imperatoren und als antiker Held in ewiger Erinnerung behalten werden wollte. Gleichzeitig knüpft Erzherzog Ferdinand aber auch an die seit dem 15. Jahrhundert in Italien populär gewordenen gemalten Portraits der »uomini illustri« bzw. »uomini famosi« (berühmte Männer) an, die er selbst als Sammlung anlegte, der auch Frauen und andere in seinen Augen erinnerungswürdige Menschen angehörten (heute: Münzkabinett Kunsthistorisches Museum Wien). Selbst wenn heute nur mehr ein Teil der ursprünglichen Harnische und Waffen hier ausgestellt wird und der Trakt der 1589 angebauten Heldenrüstkammer seit 1882 nicht mehr existiert: Die erhaltenen acht originalen Kästen aus Zirbenholz werden noch heute in der permanenten Ausstellung verwendet. Darin finden sich u. a. folgende Helden-Harnische: Der schwere Reiterharnisch von Philipp Pfalzgraf bei Rhein, der eine entscheidende Rolle bei der »Türkenbelagerung« Wiens von 1529 spielte oder der Halbharnisch mit originalem Feldherrenstab Erzherzog Ferdinands II. von seinem 1556 gegen die Osmanen geführten Feldzug in Ungarn. Selbstbewusst reiht sich also auch Erzherzog Ferdinand unter die Helden.

Einen großen Raum nehmen in der ersten Rüstkammer neben der »Heldenrüstkammer« aber auch Harnische und Waffen für das ritterliche Turnier ein.

Hauptwerke der »Leibrüstkammer« (zweite Rüstkammer) sind der im All'Antica-Stil ausgeführte Prunkharnisch, den Erzherzog Ferdinand II. 1582 beim Turnier anlässlich seiner zweiten Hochzeit mit Anna Katharina Gonzaga getragen hat und die repräsentative Gruppe der Fußturnierharnische von Jakob Topf, die zu den größten erhaltenen Ensembles europäischer Plattnerkunst zählen.

Die »Barockrüstkammer« (dritte Rüstkammer) zeigt schließlich Ausrüstungen aus dem 17. Jahrhundert, im Besonderen aus der Zeit des Dreißigjährigen Krieges (1618–1648). Die Harnische und Waffen kamen 1882 aus dem Wiener kaiserlichen Zeughaus. Die an ein Zeughaus angelehnte Präsentation erfolgte in den frühen 1980er Jahren.

Die Rüstkammer im Unterschloss (Trakt 2)

Ein Pfeiler an der rechten Ecke ist wohl Teil einer Reparatur nach dem Erdbeben von 1670/1689. Die hohe Bastei links des Tores ist das deutlichste Zugeständnis an die Erhaltung einer gewissen Verteidigungsfähigkeit im Kanonenzeitalter. Tatsächlich handelt es sich um eine Kanonenplattform mit zwei Bastionen nach Nordwesten, im 16. Jahrhundert wohl kurz vor der Errichtung der Sammlungsgebäude gebaut.

Das Tor führt in den nach Osten offenen Hof des Unterschlosses. Dieses nimmt an sich die

Rüstkammer, Rüstung von Bartlmä Bon zwischen Kinderrüstungen

Stelle eines Wirtschaftshofes ein, doch nur das Dachgeschoss des besonders großen südlichen Flügels diente tatsächlich als Kornschütte und gab diesem Bau den Namen – auch wenn das Erdgeschoss als Stall und das Obergeschoss von Anfang an als Sammlungsraum – die Bibliothek – gedient haben. Allerdings zeigt sich eine völlig andere Wertschätzung der Funktionen Stall, Kornlager und Museum im Verhältnis zueinander.

Hinter dem Tor öffnet sich ein unregelmäßiger Hof zum Garten und zum Hauptschloss hin. Der Hof wird von insgesamt vier Gebäuden umgeben, links (nördlich) der eingeschossige Bau mit der unromantischen Benennung »Trakt 1«, er enthält den Eingang in die Sammlung. Gegen den Uhrzeigersinn folgt der Trakt 2 mit der Toreinfahrt. Zum Hof hat dieser Flügel ebenso wie der im stumpfen Winkel ansetzende Trakt 4 Arkaden; direkt neben dem heutigen Tor zeigen zwei Rundpfeiler die Stelle der früheren Hofzufahrt an. (Trakt 3 war außen angebaut und wurde im 19. Jahrhundert wieder abgebrochen.) Die offene Halle unter dem Trakt 4 südlich des Tores dürfte als Wagenremise gedient haben, rückseitig ist der Bau direkt an den Felsen gestellt. Der große Längsflügel an der Südostseite ist das Kornschütthaus mit einer Kolonnade im Erdgeschoss und einer hölzernen Arkade im Obergeschoss, der hintere Bauteil ohne Arkaden enthielt den Pferdestall. Unter den Arkaden fanden acht römische Meilensteine Aufstellung, die einst den Weg zwischen dem Brenner und Innsbruck säumten, vorbei an der Stelle von Schloss Ambras.

Der Eingang in die Sammlung befindet sich im nur eingeschossigen Nordflügel (Trakt 1), von dem aus man in das Obergeschoss des Torflügels (Trakt 2) und weiter des Südwestflügels (Trakt 4) gelangt, von hier schließlich über eine Treppe und die hofseitige Galerie in das Obergeschoss der »Kornschütte«, also in die ehemalige Bibliothek und das schon Ende des 16. Jahrhunderts so genannte Museum.

Rundgang durch die Innenräume des Unterschlosses und die Kunstkammer

Der Nordflügel (Eingangstrakt) ist nur ein eingeschossiges Gebäude. Hinter dem Museumsshop beginnt die Ausstellung der Prunkwaffen der Ambraser Rüstkammern. Der erste Raum ist vor allem dem Turnier gewidmet, enthält aber auch Rüstungen der »Heldenrüstkammer« und aus dem Bestand der Familie des Erzherzogs Ferdinands II. Besonderheiten sind das Kostüm und Teile der Rüstung (um 1560) des zwischen 2,40 und 2,60 m großen Bartlmä Bon aus Riva, auch die Figurine (Präsentationsgestell) gehört noch dem 16. Jahrhundert an. Mehrere Kinderrüstungen für die Söhne des Erzherzogs waren natürlich nicht für den Kampf oder das Turnier, sondern zur Repräsentation geschaffen. Der zweite Saal stellt den Erzherzog selbst in den Mittelpunkt, indem sein Hochzeitsharnisch (um 1582) und sein Harnisch zum Freirennen, einem Turnier mit scharfen Waffen, ausgestellt sind. Neben weiteren Reiterrüstungen sind vor allem Rüstungen von Fußsoldaten ausgestellt. Der Raum ist mit einer Kassettendecke der Renaissancezeit versehen, die sich ursprünglich im Bibliotheksraum (Kornschütte, 1. Obergeschoss) befand und für den Einbau hier vergrößert wurde.

Der Südwestflügel enthält die Barockrüstkammer, ursprünglich befand sich hier die Kunst- und Wunderkammer (»Museum«). Der Raumeindruck wird durch die Decke bestimmt. Sie wurde 1586 von Giovanni Battista Fontana (um 1524–1587) bemalt und befand sich ursprünglich im Speisesaal, der 1576 in einem Gebäude vor dem Tor des Hochschlosses eingebaut war (heute ist dort eine Loggia). 1881 wurde die Decke hierher versetzt und wegen der anderen Raumdimensionen mit klassizistischen Kassetten erweitert.

Dargestellt sind an den Schmalseiten der Decke die Planetengötter als Ganzfiguren. In den Zwickeln des in Rundbögen endenden

Unterschloss, Trakt 4 mit Rüstungen sowie Sternzeichen-Decke

Unterschloss, Trakt 4, Sternzeichen-Decke, Giovanni Battista Fontana, um 1586

Unterschloss, Kunstkammer im Obergeschoss der Kornschütte

Hauptfeldes befinden sich die vier Elemente. Die zwölf Tierkreiszeichen bilden den umlaufenden Rahmen im Hauptfeld, dessen große Fläche der Nachthimmel mit den Sternbildern enthält, die als figürliche Allegorien gemalt sind. Das Obergeschoss der Kornschütte, also des langen Südostflügels, wurde zwar auch mehrfach erneuert, dürfte grundsätzlich jedoch seine Wände an den ursprünglichen

Unterschloss, Kunstkammer: Münzkabinett aus Holz und Elfenbein, Ende 16. Jh.

Stellen bewahrt haben. Hier befand sich die Bibliothek Erzherzog Ferdinands II. Unklar ist, wann die Wandnischen für die antiken und antikisierenden Büsten eingebrochen worden sind, die immerhin der Augsburger Humanist Philipp Hainhofer in einer Beschreibung von 1628 schon erwähnt hat. Sie dokumentieren eine dauerhafte Nutzung des Unterschlosses als Museum bzw. Sammlung.

Unterschloss, Antiquarium mit Nischen für antike und antikisierende Büsten

Das Museum: Die Ambraser Kunst- und Wunderkammer

Der Tiroler Landesfürst Erzherzog Ferdinand II. ließ auf Schloss Ambras das heute als Unterschloss bezeichnete mehrflügelige Gebäude für die Unterbringung seiner Sammlungen erbauen: die Rüstkammern, die Kunst- und Wunderkammer und die Bibliothek. Das erhaltene Gebäude und die Tatsache, dass auch ein Teil der Sammlungen noch in situ vorhanden ist, macht Schloss Ambras zum »Ersten Museum der Welt« – nicht zuletzt auch deshalb, weil bereits zu Lebzeiten des Sammlungsgründers der Begriff »Musaeum« für Schloss Ambras verwendet worden ist.

Erstmals sind die Ambraser Kunst- und Wunderkammer und ihre Aufstellung im Inventar von 1596 dokumentiert, das zur Erhebung des Nachlasses des 1595 verstorbenen Erzherzogs Ferdinand II. angelegt wurde. Daraus geht hervor, dass sich in der Mitte des Raumes 18 Rücken an Rücken stehende und zwei quer gestellte hohe Kästen aus Holz befanden, sodass es möglich war, die insgesamt 20 Kästen zu umschreiten. Der Hauptbestand der Sammlung war in diesen Kästen untergebracht: Objekte, die aus dem gleichen Material gefertigt waren, wurden unabhängig von Herkunft und Thema jeweils in einem Kasten vereint. Musikinstrumente, Grafik/Bücher, Messgeräte, Waffen und »Varia« erhielten eigene Kästen. Acht Kästen waren außen farbig bemalt (Blau, Grün, Rot, Weiß, zweimal »Leibfarbe«, Grau, Schwarz), wobei bis heute nicht geklärt ist, welche Bedeutung der Farbanstrich hatte. Zahlreiche Gemälde, präparierte Tiere und auch Knochen hingen dicht gedrängt an den Wänden bzw. von der Decke herab. Die Sammlung kam durch Geschenke, Erbstücke und ganz besonders durch gezielte Ankäufe von einem Netzwerk an Agenten und Händlern zustande. Noch heute präsentiert sich die Ambraser Kunst- und Wunderkammer als eine charakteristische enzyklopädische Sammlung der Renaissance, die ein Abbild der gesamten Welt darstellt. Produkte der heimischen und exotischen Natur (Naturalia) stehen gleichwertig neben Produkten der menschlichen Kunstfertigkeit (Arteficialia). Darüber hinaus gibt es Gegenstände der wissenschaftlichen Forschung wie Messgeräte oder Uhren (Scientifica) sowie Zeugnisse vergangener Zeiten (Antiquitates).

Einige Sammlungsbereiche, die in außergewöhnlicher Reichhaltigkeit vorhanden sind, spiegeln die persönlichen Interessen Erzherzog Ferdinands II. wider. So zählen die Ambraser Korallen zum weltweit größten erhaltenen Bestand des 16. Jahrhunderts. Hier begegnet man ihnen in ihrer natürlich gewachsenen Form genauso wie künstlerisch bearbeitet als Schnitzfiguren oder in aufwändig gestalteten Grotten oder Gipsbergen mit Korallenlandschaft. Einen Schwerpunkt bilden auch aus Holz und Elfenbein gedrechselte, filigrane Schaustücke, die herausragende Meisterleistungen in Bezug auf ihren technischen Aufbau und die Verarbeitung des Materials demonstrieren. Einzigartig ist aber auch der Sammlungsbereich Glas. Erzherzog Ferdinand hatte eine besondere Vorliebe für die in Murano hergestellten fragilen und nahezu transparenten Kostbarkeiten, sodass er 1570 eine eigene Glashütte in Innsbruck einrichten ließ. Dort entstanden nach seinen Vorstellungen Gläser von besonders hoher Qualität wie »Scherzgläser«, aber auch der unvergleichliche Bestand an figurenreichen farbigen Glasbildern mit heute schwer zu deutenden Darstellungen. Als besondere Objekte der Ambraser Kunst- und Wunderkammer gelten auch die Handsteine in ihrer vollkommenen Verbindung von Natur und Kunst. Diese ursprünglich als Gesteinsproben in der Größe einer Handfläche aus den Bergwerken in Tirol und Böhmen gewonnenen Handsteine sind ein Konglomerat aus verschiedenen zusammengeklebten Mineralien. Sie wurden häufig mit kleinen silbernen Figuren bestückt, um Szenen aus dem Bergbau oder Kreuzigungen darzustellen.
Das dynastische Netz der Habsburger, das sich über ganz Europa spannte, profitierte auch von den durch spanische und portugiesische Eroberungen gewonnenen Gebieten in Übersee. Im Nachlassinventar von 1596 werden diese »Exotica« zumeist wenig differenziert als »indianisch« bezeichnet. Sie wurden aus damals noch kaum bekannten und daher kostbaren Materialien wie u. a. Kokosnuss, Perlmutt, Rhinozeroshorn, Porzellan, Lack und Seide hergestellt und stammen aus Indien, Afrika, Persien, Ceylon, China und Japan. Das chinesische Porzellan, die »Indianischen Windmacher« (Fächer aus Ceylon) und die beiden chinesischen Seidenrollbilder zählen zu den interessantesten und teilweise auch ältesten Zeugnissen asiatischer Kunst in Europa.
Unter den Gemälden der Ambraser Kunst- und Wunderkammer gibt es einen außergewöhnlichen Bestand an Portraits von Menschen, die aufgrund ihrer äußeren Erscheinung nicht der Norm entsprachen. Sie zeigen Menschen mit Behinderungen, Klein- und Großwüchsige sowie die Familie Gonzalez mit ihrer auffallenden Behaarung. Als »Wunder der Natur« und daher Teil der gesamten Schöpfung haben sie das Interesse des Sammlungsbegründers Erzherzog Ferdinands II. geweckt und wurden ausgestellt. Andere Gemälde widmen sich berühmten Personen der Geschichte wie Vlad III. Tzepesch, Fürst der Walachei, der wegen seiner Grausamkeit im Kampf gegen Andersgläubige gefürchtet war. Er bildete das historische Vorbild für Bram Stokers Roman Dracula.

An die Kunst- und Wunderkammer schließt das »Antiquarium« an. Ursprünglich diente es als Ort des Rückzugs und der Präsentation von raren Stücken aus der Antike und der Beschäftigung mit ihnen. Erzherzog Ferdinand ging es jedoch weniger um originale Antiken, weshalb es sich hier großteils um Kopien des 16. Jahrhunderts handelt. Die Ausgestaltung mit 85 Nischen entstand im 18. Jahrhundert. Neben den »Antiken« sind hier auch 20 Bronzebüsten römischer Kaiser, die ursprünglich für das Grabmal Kaiser Maximilians I. in der Innsbrucker Hofkirche vorgesehen waren, ausgestellt. Aus dem frühen 17. Jahrhundert stammen hingegen die kleinen aus Terrakotta gefertigten Figuren des Maximiliansgrabmals. Südlich des Antiquariums befindet sich ein weiterer Raum, die »Kleine Rüstkammer«. Hier wurden unter Erzherzog Ferdinand II. Hieb- und Stichwaffen und Ausrüstungsgegenstände aus seinem persönlichen Besitz aufbewahrt. Bemerkenswert sind heute neben einigen Waffen auch die beiden Samurai-Rüstungen, die als Geschenk des japanischen Tenno an die Statthalter der Niederlande, Erzherzog Albrecht VII. und Isabella Clara, gelangten und zu einem späteren Zeitpunkt hier aufgestellt wurden.
Zu den herausragenden hier ausgestellten Kunstwerken zählt die monumentale Visierung (Skizze) zum Kenotaph des bereits genannten Maximiliangrabmals in der Innsbrucker Hofkirche. Florian Abel malte den Entwurf 1561 in Tempera auf Papier, das auf Leinwand kaschiert wurde. Der detailreiche Entwurf für acht Reliefs von einer der beiden Längsseiten des Kenotaphs zeigt wichtige Ereignisse aus dem Leben Kaiser Maximilians, flankiert von den Tugendallegorien Glaube und Hoffnung.

Schloss Ambras von Westen, Vogelschaubild mit der Bastei im Vordergrund

Die Bastei – Ambras als »Festung«

Schloss Ambras, Modell von 1858, von Norden gesehen

Schon vor dem Haupttor fällt dem Besucher eine hohe Bastion auf der linken Seite auf, Kernbau der Bastei. An den nördlichen Museumsbau (Eingangsbau) schließt oben auf der Bastion noch ein Wohngebäude des 19. Jahrhunderts an, das ehem. Beamtenhaus. Dieses steht mitten auf der Bastion, die sich wie ein Halbkreis um das nördliche Museumsgebäude erstreckt. Soweit nicht von Efeu überwuchert, erkennt man sowohl die Bastionsspitzen als auch das umlaufende runde Gesims weit oben (»Kordon-Gesims«), das für Festungsbauten typisch ist und sich an der Mauer wiederfindet, die die Kernburg an der Westseite umgibt. Sicherlich hat man hier keine Festung geplant, die einer großen militärischen Auseinandersetzung hätte standhalten können, aber es war Platz für einige Kanonen, die »Stücke« waren in einem Sockelraum bei der Bastion untergebracht, die einen Angreifer zumindest hätten bremsen können, soweit er nicht vom

Saalbau außen von Süden

Berg herunterkommt, denn zur Bergseite fehlen entsprechende Wehranlagen. Insbesondere die beiden Modelle von 1839 und 1858 zeigen den Umfang der bastionären Wehranlage deutlich. Teil der bastionären Befestigung ist auch die unregelmäßige Ringmauer vor der Südwestspitze der Kernburg; sie weist ein entsprechendes Kordongesims auf. Die Auffahrtsrampe zum Hochschloss mit einer sehr ähnlichen Gesimsform entstand erst in der Mitte des 19. Jahrhunderts.

Der Saalbau zwischen Unterem und Oberem Schloss

Der Saalbau ist wie eine große Festhalle an die Burg angefügt, allerdings nicht an das Hauptgeschoss, sondern an den Burgberg unten im Graben. Dadurch ist der Saal nicht in die Raumabfolge eingebunden, sondern hat eher die Funktion eines Garten- oder Lustschlosses, ähnlich den weitab der jeweiligen Schlösser gelegenen Lusthäuser in Stuttgart und Prag. Als Bauzeit gelten die Jahre 1570–1572, auch wenn nur wenige Rechnungen aus dieser Zeit erhalten sind. Entwurf und Bauleitung werden dem aus dem Tessin stammende Baumeister Giovanni Lucchese (um 1510–1581) zugeschrieben, den Ferdinand II. bereits in Prag am Schloss Stern und an der Prager Burg beschäftigt hatte, durch Quellen gesichert ist dies nicht.

Das **Äußere** zeigt an der Längsseite zum Unterschloss über einem Sockel ein mit Quaderbemalung versehenes Untergeschoss sowie ein einheitliches Obergeschoss mit Sockeln, Pilastern und Gebälk versehenes Obergeschoss, in jedem Wandfeld mit einem hohen Rechteckfenster und einem ovalen Oberlicht. Die Bergseite des Saalbaues ist gegen den Felsen gelehnt. An der Westseite gab es vor dem Saalbau eine schmale ummauerte Terrasse, von dieser führt ein Portal direkt in den Saal. Vermutlich war es nur ein Nebeneingang, denn an dieser Seite gibt es keinen Vorraum. Dieser Westeingang mit Freitreppe, leeren Wappenschildern und vier Bullaugen (die Oberlichtfenster des Saales) wurde mehrfach, zuletzt 1997 verändert. Ursprünglich handelte es sich um ein pilastergerahmtes Portal, das auf ein schmales Zwischenpodest führte, wie das Modell von (vor) 1839 zeigt. Unter Erzherzog Ferdinand II. betrat man den Saalbau zwischen Unterem und Oberem Schloss nicht über den Keller, sondern über das Erdgeschoss. Der Haupteingang befand sich im Osten, eine Treppe schuf (wie heute wieder) die direkte Verbindung zwischen dem Oberen Schloss und dem Saalbau.

Heute betritt man den Saalbau durch einen neuen Eingang im **Sockelgeschoss** westlich an der Längsseite. Dies Geschoss – heute »Ambras Foyer« – ist teilweise mit einem gotisierenden Stuckgewölbe aus der Bauzeit um 1570 versehen, es handelt sich hier um Funktionsräume. Eine modernisierte Treppe führt an alter Stelle zu einem kleinen Vorraum im Osten des Hauptgeschosses hinauf. Hier befinden sich der Vorraum und der eigentliche »Spanische Saal«, in früheren Quellen nur als der neue bzw. große Saal bezeichnet.

Saalgeschoss und Spanischer Saal

Das **Kaiserzimmer** war die ursprüngliche Antecamera, also der Vorraum des Saales. Die malerische Ausstattung geht vermutlich erst auf das 18. Jahrhundert zurück, nur der Stuck entstand schon um 1570. Die Deckenzone ist durch ein Gesims von der Wandzone geschieden, über dem Gesims sitzen kleine Ovalfenster sowie Stuck-Büsten zwölf römischer Kaiser von Cäsar bis Domitian. Die Wandfläche ist mit ganzfigurigen Portraits von Kaisern und Erzherzögen aus der Familie der Habsburger aus der Zeit nach der Errichtung des Saalbaus bemalt, von Rudolf II. bis Karl VI. Es handelt hier sich also um eine Fortsetzung des Gemäldezyklus im großen Saal.

Der **Spanische Saal** bzw. große Saal bietet ein beeindruckendes Raumerlebnis. Er ist lichtdurchflutet durch die vollständige Reihe hoher Fenster an der Südseite. Boden, Wand und Decke bilden drei Zonen aus völlig unterschiedlichem Material und auf den ersten Blick voneinander abweichenden Gliederungen.

Der Fußboden besteht aus farblich unterschiedlichem Marmor, der 1572 geliefert und von Thomas Scalabrin verlegt wurde. Weiße und rote Achteckplatten sowie kleinere schwarze quadratische Platten bilden ein Muster sowohl in Längs- und Quer- als auch in Diagonalrichtung. Die Größe des Raumes wird dadurch noch unterstrichen.

Der Wandaufbau ist im Grunde eine umlaufende Kolonnade aus schweren Pfeilern, die an der Fensterseite weit und an den Wandseiten geringfügig vortreten. Eine Sockelzone mit umlaufendem Gesims und ein Kämpfer fassen im Süden die Fenster, an den übrigen Seiten die lebensgroßen Wandgemälde ein. Über dem oberen Gesims folgt eine schmale Zone mit Rundfenstern, dekoriert durch Hirschgeweihe sowie ornamentale Malereien.

Die Kassettendecke aus großen rechteckigen und kreuzförmigen Feldern folgt einer gängigen Gliederung der Renaissancezeit. Zumindest die plastischen Holzteile stammen den Rechnungen zufolge von dem Drechsler Christian Pruethhauser. Das Stuck-Gesims mit den Jagdtrophäen schuf der vermutlich aus Prag kommende Künstler Antonio von Prackh.

Bei den 27 **lebensgroßen Bildern** handelt es sich ganzfigurige Darstellungen Tiroler Landesfürsten, angefangen mit Graf Albert I. von Tirol in der Ostecke. Es folgen Grafen von Görz-Tirol bis zu Margarete Maultasch und weiter die Erzherzöge bis zum Auftraggeber, Ferdinand II. Das Portrait des Landesherrn könnte von Giovanni Battista Fontana stammen.

△ Saalbau, Vorraum des Spanischen Saals (Kaiserzimmer) ▽ Spanischer Saal nach Osten

Marmorboden im Spanischen Saal, 1572

Die Reihe der Landesherren beginnt an der Ostecke der Südwand mit Albert I. und links daneben Meinhard von Görz. Gegen den Uhrzeigersinn folgen Gebhardt von Hirschberg, sodann links der Tür Meinhard II., Albert II., an der Nordwand Otho, Ludwig, Heinrich, Leopold I., Johann (Heinrich) von Luxemburg, Ludwig II. von Brandenburg, Meinhard III., Rudolf IV., Margarete Maultasch, Albert III. (»mit dem Zopf«), Leopold III., Wilhelm II., Leopold IV., Ernst I. (der Eiserne), Kaiser Albrecht II., Friedrich I. (»mit der leeren Tasche«), Kaiser Friedrich III., weiter an der Westwand Erzherzog Sigismund, Kaiser Maximilian I., schließlich links der Tür Kaiser Karl V., Kaiser Ferdinand I. und an der Südwand als Abschluss der Auftraggeber Erzherzog Ferdinand II.

Die Sockel an den Schmalseiten zeigen allegorische Darstellungen, namentlich die Tugenden sowie die Freie Künste. Die Bilder

Intarsientür im Spanischen Saal, 1572

△ Nordwand des Spanischen Saals mit Bildnissen der Tiroler Landesfürsten

▽ Fensterwand mit Grotesken-Malereien

Bildnis von Erzherzog Ferdinand II., im Spanischen Saal

Szene aus der Sockelbemalung im Spanischen Saal

Stuckrelief im Vorraum des Spanischen Saals (Kaiserzimmer) zwischen den Oberlichtern: Mucius Scaevola

Detail der Grotesken-Malereien an der Fensterseite des Spanischen Saals

der Fensternischen sind mit der Geschichte von Romulus und Remus illustriert und passend dazu mit Grotesken-Ornamenten versehen, die sich auf Wanddekorationen im antiken Rom beziehen. Die Grotesken malte 1571 Denis van Hallaert, der sie im westlichen Ochsenaugenfenster signiert hat. Die zeichnerischen Vorlagen befinden sich in einem der Klebebände in der Kunstkammer Erzherzog Ferdinands. – Die aufwendigen **Türen** mit Intarsien schuf 1571 der Holzbildhauer Conrad Gottfried.

Die Kernburg (Hochschloss)

Unter einem Pultdach führt eine Treppe vom Ostende des Saalbaues hinauf zum Hintereingang der Kernburg. Im Grunde war dies der Hauptzugang des Saalbaues vom Hochschloss aus, wir gehen den historischen Weg heute gewissermaßen rückwärts. Zum Hochschloss gelangt der Museumsbesucher durch das mit einer eisernen Renaissancetür verschließbare östliche (Neben-) Treppenhaus aus der Zeit um 1560/70. Gleich links des Hofzugangs befindet sich im Erdgeschoss die berühmte Badestube. Geradeaus geht es in den Innenhof bzw. über die (Neben-)Treppe in die oberen Stockwerke. Das Haupttor der Burg liegt im Westen, von dort gelangt man ohne Eintrittskarte in den Innenhof, aber nicht in die Museumsräume.

In der anschließenden Beschreibung ziehen wir das Äußere jedoch vor, das die meisten Besucher in der Regel erst im Nachhinein besichtigen werden.

Das Äußere der Kernburg

In früheren Jahrhunderten wurde der Wald um die Burg niedrig gehalten und man sah Schloss Ambras vom Inntal aus als beherrschende Anlage. Heute ist die Hauptansicht der Blick von Süden, also aus der Vorburg heraus. Über dem Saalbau erhebt sich der weiß verputzte mit rotem Fugennetz bemalte Baukörper scheinbar weitgehend einheitlich, die Fenster zu Achsen angeordnet. Nur ein kleines Treppentürmchen kennzeichnet die südwestliche Ecke – ein zweites befindet sich an der Nordfassade. Der südwestliche Treppenturm befindet sich an der Stelle eines kleinen Türmchens aus dem 16. Jahrhundert, ob es damals schon eine Wendeltreppe enthielt, ist unklar. Es sitzt an der Ecke des ehemaligen Bergfrieds, der von außen als solcher nicht wahrgenommen werden kann, zumal er nicht einmal mehr das Dach überragt. An der hofseitigen Ecke des früher viel größeren Turms befindet sich heute nur noch ein barock wirkender Dachreiter. Er war im 19. Jahrhundert zugunsten eines Türmchens auf der Außenseite abgebrochen und im 20. Jahrhundert als Ersatz für dieses Türmchen wieder aufgesetzt worden, nun mit einem barock gestalteten Helm. Das Hin und Her in den letzten 200 Jahres lässt ahnen, dass die Bauherren einen Ersatz für den Bergfried haben wollten. Auffälliger als die Türmchen sind die größerenteils renaissancezeitlichen Schornsteine, die den hohen Wohnkomfort seit dem 16. Jahrhundert anzeigen, an den Schornsteinen sind oft mehrere Öfen und Kamine angeschlossen.

Die kaum einsehbare Nordmauer der Kernburg sowie die Südwestecke gehören nach Beobachtungen während einer Restaurierung in den 1980er Jahren noch zur ältesten Bausubstanz der Zeit um 1100 (Martin Bitschnau). Selbst für Burgenforscher ist dies aber dank der wieder-

Ambras, Kernburg von Nordosten, vorne links die Kapelle mit Apsis

Kernburg von Südwesten, Eingangsseite mit ursprünglichem Hauptzugang

Hauptportal von etwa 1565, Stützpfeiler links Ende 17. Jh.

hergestellten die Wand völlig überdeckenden Putzschichten nicht zu sehen. Im Westen weist die Außenmauer der Kernburg gerundete Ecken auf. Im Nordosten wurde im 14. Jahrhundert die Burgkapelle samt gotischer Apsis angebaut, im Südosten ein rechteckiger Turm, der nach der Überformung der Renaissancezeit ebenfalls nicht mehr als solcher wahrgenommen werden kann. Die südöstliche Fassade wurde im 16. Jahrhundert der älteren Burg vorgebaut, die ursprüngliche Außenmauer lag also innerhalb des heutigen Flügels.

Im Südwesten befindet sich in einem schmalen runden Vorbau an der Nahtstelle zwischen ehemaligen Bergfried und Südflügel die erwähnte kleine Wendeltreppe – vermutlich aus dem 16. Jahrhundert; im Mittelalter hätte man keine Wendeltreppe an die Außenseite einer Burg gesetzt. Die einheitliche Fensteranordnung des Südflügels geht auf die Renaissancezeit und Erneuerungen im 19. Jahrhundert zurück. Im Nordosten zeichnet sich der im Grundriss quadratische Kapellenbau St. Nikolaus ab.
Die Kapelle stammt aus zwei Bauphasen. Der leicht querrechteckige Saal entstand im frühen 14. Jahrhundert (Martin Mittermair) und hatte zunächst nur eine kleine Apsis, der polygonale Chor wurde um 1462–1465 angefügt. Die beiden oberen Geschosse des turmartig wirkenden

Renaissance-Schornsteine der Kernburg

Kapellenanbaus gehören erst dem letzten Drittel des 16. Jahrhunderts an. Die Schlichtheit der Nordseite wird allein durch einen schmalen runden Standerker und zwei kleine Erker unterbrochen, die zur Stube neben dem Kapellenvorraum gehören. Das Modell von 1839 zeigt westlich neben den kleinen Erkern noch einen Abtrittschacht, der jeweils eine Kammer neben der Stube erwarten lässt, erhalten sind diese Abtritte nicht mehr.

Der historische **Hauptzugang** zum Hochschloss befand sich im Westen. Hier gelangt man durch ein rundbogiges mit Bossenquadern dekoriertes Portal in den Schlosshof. Das Portal gehört zu den Ergänzungen aus dem letzten Drittel des 16. Jahrhunderts. Auffällig ist, dass ein Strebepfeiler das linke Torgewände überschneidet, dieser Pfeiler entstand nach den Erdbeben von 1670 und 1689, dessen Folgen man immer wieder in Innsbruck und Hall begegnet, erkennbar durch nachträgliche Stützpfeiler und -mauern; eine Inschrift am Goldenen Dachl in Innsbruck selbst erinnert an dies Ereignis (vgl. dazu den Führer zum Goldenen Dachl in Innsbruck). Über dem Portal befindet sich als Wandgemälde das Wappen von Erzherzog Ferdinand II. samt einer Sonnenuhr, beide aber erst 1882 gemalt.

Der Innenhof

Der Innenhof ist längsrechteckig, erst auf den zweiten Blick bemerkt man einige Unregelmäßigkeiten. Die Nordseite hat sieben, die Südseite bei gleicher Länge neun Fensterachsen, die Westseite vier Fensterachsen sowie drei große Arkaden im Erdgeschoss zur Haupttreppe, die Ostseite fünf Fensterachsen und zwei schmalere Arkaden zur Nebentreppe. Die Hofmalerei vereinheitlicht den Eindruck stark und überspielt erhebliche Unregelmäßigkeiten, zumal der gliedernde Hoferker am Nordflügel heute fehlt.

Die Fassadendekoration wirkt wie in Sgraffito-Technik hergestellt, die in Böhmen und Niederösterreich verbreitet ist. Hier sind die Bilder jedoch nicht in den Putz gekratzt, sondern in grauen Tönen (Grisaille) als Fresko auf den feuchten Putz gemalt. Die Malereien stammen möglicherweise von Hans Polhammer d. J. Das Sockelgeschoss zeigt gemalte Fensterrahmen mit abwechselnd dreieckiger und segmentbogiger Überdeckung sowie Diamantquader. Einige Fenster sind komplett aufgemalt, aus einem solchen Scheinfenster vor den Baderäumlichkeiten springt ein gemalter Hirsch heraus, vor diesem Fenster soll sich im Hof eine Zisterne befunden haben. Im Hintergrund des Bildes steht der Textanfang aus Psalm 42 der Bibel: »Quem admodum desiderat cervus ad fontes aquarum, ita desiderat anima mea ad te, Deus« (dt.: Wie der Hirsch begehrt nach frischem Wasser, so schreit meine Seele zu dir, Gott). Hauptgrund für die Malerei dürfte aber nicht das religiöse Bekenntnis sein, sondern eher der Spaß an einer »Tromp-l'œil«-Malerei.

Das Erdgeschoss ist mit Diamantquadern bis unter die Fenster des 1. Obergeschosses bemalt. Über den Erdgeschoss-Fenstern gibt es im Wechsel Segment- und Dreiecksgiebel. Auf den ersten Blick lassen sich die beiden Scheinfenster auf der Nordseite kaum von den anderen unterscheiden. Fenster und Scheinfenster stammen aus der Bauperiode 1563–1567, nur die Scheinfenster ohne perspektivische Verkürzungen

Innenhof, westliche Schmalseite

und illusionistische Spielereien gehören einem Umbau 1855–1858 an.

Über dem Erdgeschoss ist die Wandmalerei fünfzonig gegliedert. Bei Zone 1, 3 und 5 (von unten gerechnet) handelt es sich – jeweils zwischen den Fenstern – um Ganzfiguren, bei 1 und 3 in gemalten Rundbogennischen, bei 5 ganz oben unter der Dachtraufe stehen Ritterfiguren zwischen Karyatiden vor einem flachen Hintergrund. Die Erklärung des ursprünglichen Programms ist schwierig, weil die Malereien bereits Mitte des 19. Jahrhunderts in schlechtem Zustand waren und damals Umbauten im Hof den Bestand noch weiter dezimiert haben, erst die jüngste Restaurierung (1984–1991) schuf den heutigen scheinbar guten Gesamtzustand. In den Brüstungszonen des 2. und 3. Obergeschosses sind zumeist vielfigurige Szenen musizierender Gestalten dargestellt, teilweise der antiken Mythologie entlehnt, dazu kommen Allegorien der Tugenden sowie der freien Künste.

❶ Zwischen den Fenstern des 1. Obergeschosses handelt es sich an der Ostwand um alttestamen-

Innenhof, nördliche Längsseite mit Erkerspur im 2. Obergeschoss

tarische Heldinnen, Judith, Esther, Jael, Judith mit dem Haupt des Holofernes. An der Südwand finden sich Allegorien der Tugenden.

❷ Die Brüstungszone des 2. Obergeschosses nimmt an allen Wänden ein durchlaufender Zug des Bacchus ein. Teils zu Fuß, teils auf Wagen unternehmen die Bacchanten und Satyren einen Umzug, spielen auf unterschiedlichsten Musikinstrumenten, trinken und tanzen. Auf der Südseite bildet ein rechteckiges Medaillon den Ausgangspunkt des Zugs, von hier aus führen die Züge in beide Richtungen, ohne eine einheitliche Richtung.

❸ Zwischen den Fenstern des 2. Obergeschosses befinden sich Standfiguren in Nischen. An der Nordwand sind die freien Künste dargestellt. Neben dem abgebrochenen Erker ist eine Sonne als Rest einer älteren Farbfassung zu erkennen. An der Südwand sind die Museen zu sehen.

Springender Hirsch, Wandbemalung östliche Schmalseite, nahe der Badestube

Innenhof, westliche Schmalseite, obere Wandzone mit Orpheus und den Guten Helden am 3. Obergeschoss

❹ Der obere durchgehende Bildstreifen enthält Szenen aus der antiken Mythologie und dem Alten Testament. An der Westwand erkennt man Orpheus, der vor Tieren musiziert; an der Südwand ist u. a. Mucius Scaevola dargestellt.
❺ Zwischen den Fenstern des 3. Obergeschosses befinden gerüstete Helden zwischen Hermenpilastern und floralen Rahmungen. An der Südwand handelt es sich um acht der neun guten Helden (Alexander, Gottfried von Bouillon, David, Artus, Karl der Große, Judas Maccabäus, Josua und Hector).

Rundgang durch die Innenräume

Das Erdgeschoss enthielt mehrheitlich Funktionsräume und Räume für das Burgpersonal, außerdem die Badestube der Philippine Welser. Das 1. Obergeschoss diente Wohnräumen und Räumen für das Burgpersonal. Hauptgeschoss war das 2. Obergeschoss, an dem sich an der Nordseite die Spur eines im 19. Jahrhundert abgebrochenen Erkers abzeichnet. Das um 1566 aufgesetzte 3. Obergeschoss enthielt insbesondere die Wohnräume der Philippine Welser.

Unmittelbar neben dem östlichen Treppenhaus befinden sich im Erdgeschoss das Bad der Philippine Welser, die wohl berühmtesten Raumgruppe im Hochschloss (1563–1567). Es handelt sich um ein typisches »Appartement« und besteht aus dem Heizraum mit der Vorrichtung für das Erwärmen des Wassers und die Bedienung des Stubenofens, dem Baderaum (»Stube«) und der Kammer zum Ausruhen. In einem kleinen Vorraum befindet sich seit Mitte 2024 ein Aufzug, der bereits 1913 vorgesehen war. Vom Vorraum aus betritt man die Ankleidekammer sowie die eigentliche Badestube. Sehr durchdacht ist der Umstand, dass sich der Stubenofen in der Trennwand zwischen beiden Räumen befindet, so dass hier Badestube und Kammer gleichermaßen beheizt werden. Bei der Wand zwischen Badestube/Kammer und dem Heizraum handelt es sich übrigens um einen Rest der ältesten Ringmauer, im Kern vielleicht noch aus der Zeit um 1100. Badestube und Ankleidekammer befinden sich in einem Bauteil, der im 15. Jahrhundert nachträglich als Erweiterung außen an die ältere Burg angesetzt wurde, ursprünglich handelte es sich dabei um einen Turm. Dies ist eine im Burgenbau trotz der Hanglage übliche Form der Vergrößerung.

Man betritt das Appartement durch die Ankleidekammer der Philippine Welser. Es ist mit einer einfachen Wandtäfelung und reich getäfelter Decke ausgestattet, dazwischen befindet sich ein Streifen mit Wandgemälden. Dort erkennt man Bade- und Tafelszenen, allerdings stark erneuert. Dargestellt ist die Göttin Diana, die im Bade von dem jagenden Aktäon überrascht wird. Diana entdeckt ihn und verwandelt Aktäon in einen Hirsch, der von den eigenen Hunden angefallen wird. Weiterhin sieht man ein Gastmahl in einer Laube und eine weitere Badeszene.

Der zweite Raum ist die eigentliche Badestube mit einem tiefen Wasserbecken, mit verzinntem Kupfer ausgekleidet und einem Sitzhocker

Erdgeschoss, Badestube mit dem Wasserbecken

in der Mitte versehen. Nur die Treppe fehlt, mit der Philippine in ihr Badebecken hinuntersteigen konnte. Die Wände sind vertäfelt, was bei Stuben der Renaissancezeit im Alpenraum generell üblich ist.

Der Besucher wird heute quasi durch die Hintertür in das Schloss gelenkt. Die repräsentative Eingangsloggia zum Treppenhaus in das Hochschloss befindet sich nicht auf dieser Seite, sondern im Westen, wo Einfahrt, Treppenhaus

Badestuben in Burgen

Im eigenen Hause baden zu können, war ein besonderer Luxus, dass sich nur die Bauherren von Burgen leisten konnten und auch hier keineswegs überall. In Städten gab es nur gemeinschaftliche Badehäuser. Die Bezeichnung »Stube« kommt in Archivalien des späten 12. Jahrhunderts erstmals vor, wird bald aber auch für die Wohnstube verwendet, also für einen durch einen Ofen beheizbaren Raum. Archäologische Belege für Badestuben gibt es bereits im 3. Drittel des 11. Jahrhunderts im Schlössl bei Klingenmünster (Rheinland-Pfalz), zu den Beispielen der Renaissance gehören die Heldburg (Thüringen) und Ambras; eine Besonderheit ist das Barockbad im Schloss Weilburg in Hessen. Die Badestube gibt es immer als Raumgruppe aus einem Vorraum mit Anheizmöglichkeit für das Wasser, einer beheizbaren Badestube mit Wasserbecken und einer meist unbeheizten Kammer zum Ausruhen. Die Badestube lag innerhalb der Burg in der Regel dort, wo das Wasser leicht hingeschafft und gut erhitzt werden konnte, generell also im unteren Geschoss, manchmal in einem eigenen Gebäude.

Ankleidekammer mit Blick zum Kachelofen in der Wand zwischen den beiden Räumen

Ankleidekammer, Detail der Wandmalerei mit Diana im Bade

Ausstellungsraum (Sammlung Gotischer Skulpturen) im Sockelgeschoss des ehem. Bergfrieds

und eine Halle zum Hof nebeneinander liegen und sich eine Vorburg (»Vorschloss«) vor dem Haupttor befand. Die westliche und die östliche Treppenanlage entstanden im 3. Viertel des 16. Jahrhunderts. Ursprünglich gelangte man von Westen direkt in den Hof und durch die Gittertür in das breite westliche Treppenhaus. Nur die Räume im Erd- und im Kellergeschoss werden durch Einzeltüren vom Hof aus erschlossen.

Die Rundbogentür im Südwesten neben der Gittertür führt in das tiefer liegende Sockelgeschoss des Südwestturms (ehem. Bergfried). Von außen ist er als Turm nicht mehr erkennbar, weil die über das Dach reichenden Geschosse spätestens im 16. Jahrhundert abgebrochen wurden. Man hat ihn lange für den ältesten Bauteil der Burg gehalten, doch wahrscheinlich stammt er erst aus dem 13. Jahrhundert. Das Innere ist wegen der abgeschrägten Südwestecke unregelmäßig, die Mittelsäule und das Gratgewölbe überspielen diese Unregelmäßigkeit. Säule und Gewölbe stammen erst aus der Umbauphase 1563–1567. Nach Westen hat sich ein unterirdischer bequem begehbarer Gang erhalten, der zu verschwundenen Teilen der Vorburg führte, vermutlich zur zeitweilig dort untergebrachten Küche.

Im Nordflügel befindet sich gleich neben der westlichen Eingangshalle ein sechsjochiger Raum, ein Joch ist durch Steinwände abgeteilt. Ein Rundpfeiler stützt ein Gratgewölbe, beides gehört dem 15. Jahrhundert an. Es handelt sich um das Erdgeschoss des in seinen Außenmauern noch aus dem 12. Jahrhundert stammenden Wohnbaus, wohl jünger als die Ringmauer der Zeit um 1100, aber älter als die übrige Hofbebauung. Welchen Zweck diese Räumlichkeiten zur Zeit Erzherzog Ferdinands II. erfüllten, geht aus dem Inventar von 1596 nicht hervor; erst im 19. Jahrhundert wurden hier Küchenräume eingerichtet.

Der Nordwesteckraum dürfte, abgesehen von der älteren Ringmauer, wohl aus dem späten

Die Nutzungen unter Erzherzog Ferdinand II.

Das Erdgeschoss wurde laut Nachlassinventar Erzherzog Ferdinands II. von 1596 als »unterist Poden« bezeichnet. Im Südwesten befand sich das sog. »Claider gwelb« [heute Sammlung gotischer Skulpturen] worin kostbare Stoffe, Pelze und Textilien aller Art in Truhen und Kästen verwahrt wurden. Im Nordosten wird die Sankt Nikolaus Kapelle erwähnt. Im Südosten, »neben dem Prunnen«, wurde ein Gewölbe für Silbergeschirr angeführt. Alle anderen Räumlichkeiten, vor allem jene im Nordtrakt an die Kapelle angrenzend, werden nicht bezeichnet und beschrieben. Auch das Bad der Philippine Welser findet keine Erwähnung.

Das 1. Stockwerk wurde laut Nachlassinventar von 1596 als »undtern Poden« bezeichnet. Darin befanden sich im östlichen Nordtrakt das Oratorium und nach Westen angrenzend die Stube von Peter Payr [Höfling, Stabelmeister, Silberkämmerer]. Der Südtrakt verfügte über unterschiedliche, nicht näher definierte Stuben und Kammern für Gäste sowie Verwahrungsräumlichkeiten.

Das 2. Stockwerk wurde laut Nachlassinventar von 1596 als »Mitterer Poden« bezeichnet. Im Nordtrakt befanden sich die Räumlichkeiten Erzherzog Ferdinands II. Die Raumabfolge (beginnend im Nordwesten), entsprach jener von Philippine Welser im 3. Obergeschoss. Sie bestanden aus Tafelstube, einem südlich daran angrenzenden Zimmer des Johann von Kolowrat, Saal, Stube, Schlafkammer, ein Obristen Zimmer und der sog. »gehaimben« Schreibstube. Im Südtrakt fanden sich folgende Räumlichkeiten (im Südwesten beginnend): Kammer und Stube des Markgrafen Karl von Burgau, Kammerdiener Schlafkammer, Kammer des Johann von Kolowrat, Kammerherren Tafelstube, Truchsess Stube und Kammer, Tafelstube für Höflinge des Markgrafen sowie ein Truchsess Diener Zimmer und dessen Kammer.

Die Wohnräume der Philippine Welser befanden sich im 3. Obergeschoss im Nordtrakt. Sie bestanden laut Nachlassinventar von 1596 aus: Tafelstube, großem Saal, Stube, Schreibstube, Kammer, grünes Gastzimmer und das sog. »Frauenzimmer Kichele«. Im Südtrakt befanden sich Räumlichkeiten für den Hofstaat (im Südosten beginnend): Kammer der Katharina von Sternberg [Cousine der Philippine Welser und Hofdame], dann Stube, Schreibstube sowie Kammer der Katharina Loxan (Tante der Philippine Welser), Oberfrauenzimmer [Hofdamen] Kammer, Unterfrauenzimmer [Hofdamen] Kammer, Frauenzimmer Stube.

13. Jahrhundert stammen, sein Gewölbe um 1480 erhalten und einen Umbau 1563–1567 erfahren haben, wobei er aufgeteilt wurde.

An der Nordostecke befindet sich die zweigeschossige Kapelle. Sie wurde im 1. Drittel des 14. Jahrhunderts außen an die hochmittelalterliche Ringmauer angesetzt, die Bogenöffnung zur Burg stammt allerdings erst von 1567. Im Obergeschoss gibt es eine Empore mit Oratorium, von dort aus auch für Besucher zugänglich. Eine ursprüngliche kleine Apsis wurde um 1462–1465 durch den polygonalen Chor mit Sterngewölbe ersetzt. Auf dem neugotischen Altar steht eine spätgotische Nikolausstatue, Nikolaus ist der Patron der Kapelle. Im Rahmen der Renovierung der Burg fand 1863–1867 die Neuausmalung der Kapelle durch August Wörndle statt. An der Südseite sind die Auferstehung Christi, das Pfingstwunder und die thronende Maria zwischen Petrus und Paulus zu sehen, über ihr die Taube des Heiligen Geistes. Auf der Nordseite sieht man die Geburt Christi, die Bergpredigt und die Kreuzigung. An der Ostwand stehen Maria sowie Joseph mit dem Kind auf dem Arm. In den Feldern des Langhausgewölbes sieht man vier thronende Propheten. Ähnliche Bilder besaß auch schon die malerische Ausstattung des 16. Jahrhunderts, diese sind durch Kopien überliefert, die sich heute in der Albertina in Wien befinden.

Das für Besucher nicht zugängliche Erdgeschoss des Südflügels enthält Verwaltungsräume, es wurde 1563–1567 ausgebaut.

Kapelle, Triumphbogenwand und Apsis

Kapelle, Südseite des Langhauses

Repräsentatives Treppenhaus im Westen der Kernburg

1. Obergeschoss

Geht man über die Osttreppe in das 1. Obergeschoss, kommt man in einen gewölbten Gang, an dessen nur im Südteil fensterlosen Hofwand eine Gämse aufgemalt wurde. Die ausführliche gereimte Inschrift behandelt ein Ereignis am 1. April 1566, als die Gämse offenbar durch den Ambraser Burggarten hüpfte.

Die Innenräume sind, was Möbel und Öfen angeht, mit Museumsbeständen neu ausgestattet, Täfelung und Decken gehören im Kern noch zum Bau im Zustand nach der Erneuerung 1563–1567. Nur wenige Baudetails verweisen auf die ursprüngliche Nutzung, wie beispielsweise der gegenüber dem Gamsbild liegende, heute als Besucher-WC genutzte Raum. Hier war bis ins 19. Jahrhundert eine schmale Heizkammer für die Stube in der Ecke (also oberhalb der Badestube) abgesondert, der Rest des Raumes dient als Kammer und war nur von der Stube aus zugänglich. Diese betrat man vom Vorraum in der Verlängerung des Flures. Dieser Eckraum wird in Quellen als »Gefangnusturm« bezeichnet. Offenbar diente der Turm, der spätestens im 16. Jahrhundert bis auf die Höhe der benachbarten Flügel verkleinert worden ist, vor dem Umbau ab 1563 zeitweilig als Untersuchungsgefängnis für den damaligen Amtssitz Ambras.

Auf den Vorraum folgen die heute rein als Gemäldegalerie genutzten vier Räume des Südflügels, die ursprünglich wohl zwei Appartements aus Stube und Kammer enthielt, ein Kamin für eine Kammer ist im letzten Raum erhalten, die Stubenöfen sind in älteren Grundrissen vermerkt. Der Eckraum mit seinen besonders dicken Wänden ist der Bergfriedraum des 13. Jahrhunderts, auch er seit dem 16. Jahrhundert als Stube mit Ofen in die Raumflucht

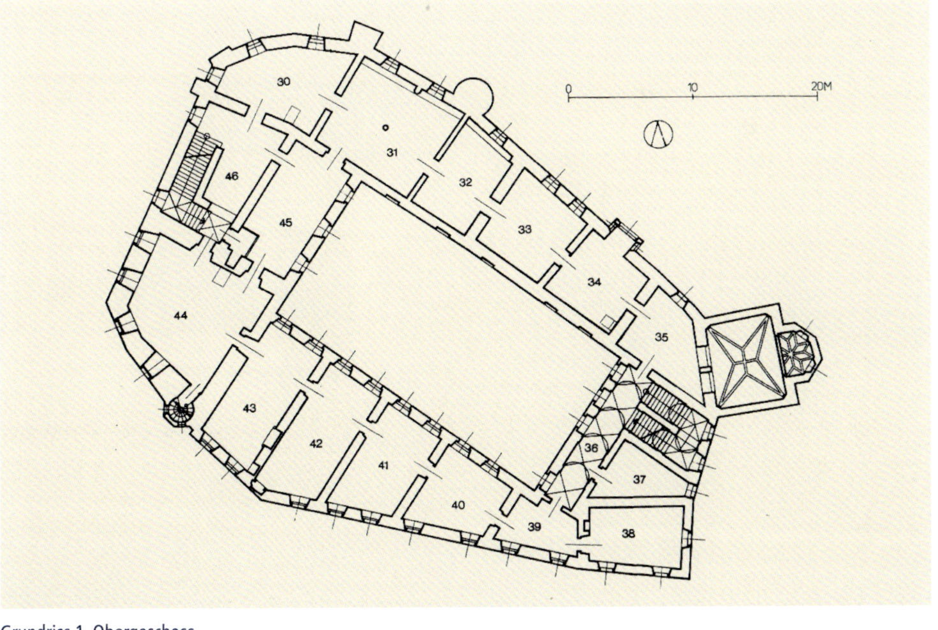

Grundriss 1. Obergeschoss

Östlicher Flur im 1. Obergeschoss, das Wandbild bezieht sich auf eine Gämse, die in den Schlosspark gelaufen war

eingebunden. Der heute museal aufgestellt Reiterofen, ein Bozener Fayenceofen, stammt aus dem 18. Jahrhundert. Er steht auf langmähnigen Löwen und hat an den Ecken Kacheln mit antikisierenden Kriegern, die Hauptfelder zeigen Kämpfer zu Fuß und zu Pferd. In der äußeren Ecke befindet sich ein kleines Wendeltreppentürmchen, das eine private Verbindung zwischen den drei Obergeschossen herstellte. Der Westflügel wird von dem geräumigen Renaissancetreppenhaus eingenommen, das den repräsentativen Hauptzugang zu den oberen Stockwerken bildete. In der Nordwestecke gehört der erste Raum im Umriss (30) zum Wohnbau der Zeit nach 1288, er hat einen Eisenofen mit christlichen Darstellungen sowie einem Kachelaufsatz, beide Teile aus der Zeit um 1600. Die beiden anschließenden Räume nehmen den Grundriss des Wohnbaues um 1100 ein, wovon man heute aber nichts mehr sieht. Der erste davon (31) ist etwas größer und

Eckraum (Nr. 44) im 1. Obergeschoss im Bereich des ehem. Bergfrieds

▷ Nordflügel, Stube neben dem Kapellenvorraum (Nr. 34)

Nordflügel, kleiner Saal (Raum 31)

hat eine achteckige Mittelsäule, die vielleicht noch aus dem späten 15. Jahrhundert stammt. Raum 33 ist getäfelt, während die Decke noch dem 16. Jahrhundert angehört, stammt die Wandtäfelung von 1881. Der vorletzte Raum (34) hat einen Erker auf der Nordostseite und eine Kassettendecke sowie eine Täfelung, die inschriftlich 1691 datiert ist und PETRUS HEID PFARHERR nennt; diese Täfelung wurde von Erzherzog Karl Ludwig in Meran erworben und um 1858 hier eingebaut. Der letzte Raum im Osten war das Oratorium (Empore zur Burgkapelle, 35), er wurde ab 1863 neu ausgestattet, die Türen entstanden schon 1856. In der Lünette über der flurseitigen Tür dieses Raums Flurseite befindet sich eine stuckierte Wappenkartusche mit dem Österreichischen Bindenschild und dem Orden vom Goldenen Vlies. Die ersten beiden Fensternischen sind mit stuckierten Muschelkonchen ausgestattet (17.–18.Jh.?).

2. Obergeschoss

Das 2. Obergeschoss war die Hauptetage des Fürsten. Die Aufteilung der Räume entspricht der im 1. Obergeschoss. Wenn möglich, sollte man als Besucher die Etage durch das Haupttreppenhaus im Westen betreten (64). Der Vorraum am westlichen großen Treppenhaus weist eine besonders reiche Kassettendecke aus der Zeit um 1563/67 auf. Im nordwestlichen Eckraum (47) sind in die im 19. Jahrhundert zumindest stark erneuerte Wandtäfelung Schlachtenbilder als umlaufender Fries eingefügt. Sie sind am Riesenholzschnitt der Ehrenpforte von Albrecht Dürer orientiert, stammen aber erst aus dem frühen 18. Jahrhundert. Der bunte Fayenceofen gehört der Erneuerung des späteren 19. Jahrhunderts an. Ursprünglich handelt es sich hier um die fürstliche Tafelstube. Der Saal (48) über dem ehem. hochmittelalterlichen Wohnbau hat einen gemalten Fries mit Grotesken und eine Decke von 1563–1567, er ist also unter Ferdinand II. entstanden. Der rechteckige Überetscher Ofen wurde im 17. Jahrhundert geschaffen. Der anschließende Raum (49) hat ebenfalls einen gemalten Fries unter der Decke. Der Saal hatte einst einen Renaissance-Erker zum Hof. Hier turnen Affen an den Girlanden zwischen gemalten Medaillons herum, die in der Mitte mit einem fortlaufenden Buchstaben gekennzeichnet sind. Vermutlich wurden hier Geweihe und ähnliche Trophäen aufgehängt, die heute aber fehlen.

Im Eckraum über dem Oratorium (51) gibt es unter der Decke zwei gemalte Friese, u. a. mit Turnierszenen, die 1559 datiert gewesen sein sollen. Im unteren Wandbereich fällt eine ganzfigurige Darstellung Erzherzog Ferdinands II. auf, deren Füße aber abgeschnitten sind, ein Hinweis darauf, dass der ursprüngliche Fußboden rund 20 cm tiefer gelegen haben muss.

Die schmalere Treppe im Osten (für den musealen Rundgang der übliche Zugang) mündet in einem gewölbten Flur. An der Ostseite des Flures bleibt Platz für eine Kammer (heute Besucher-

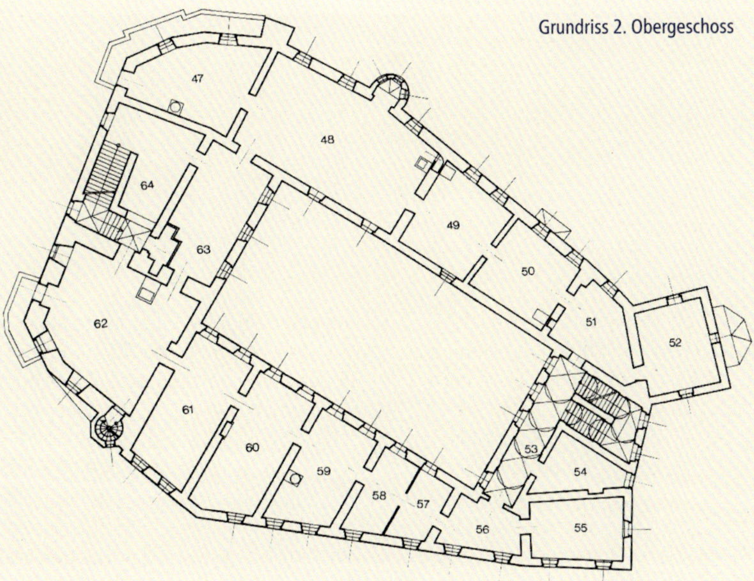

Grundriss 2. Obergeschoss

2. Obergeschoss, nordöstlicher Vorraum mit Portrait Erzherzog Ferdinands II. (Raum 51)

2. Obergeschoss, Turnierfries, sportlicher Zweikampf mit Schwertern (Raum 51)

WC), vom Flur aus geradeaus gelangt man in den Nebenraum der Stube oberhalb der Badestube. Ursprünglich war diese Stube von Norden her zugänglich, also durch das heutige Besucher-WC Es folgen im Südflügel zwei Appartements und die Raumfolge schließt mit dem großen Raum im ehem. Bergfried (62) mit einem besonders aufwendigen Ofen des Kufsteiner Hafners Melchior Bogner von 1680/90. Sein Korpus sitzt auf fünf unter der Last gebeugten Trägerfiguren. Die

Eckraum (Nr. 61) im 2. Obergeschoss im Bereich des ehem. Bergfrieds

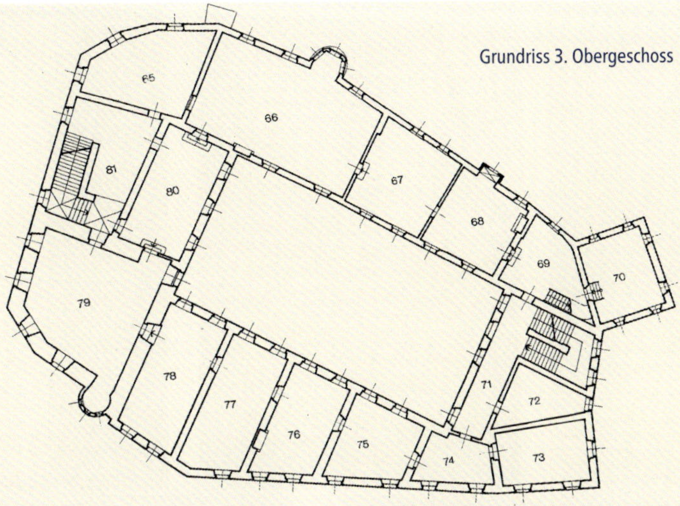

Grundriss 3. Obergeschoss

3. Obergeschoss, Kassettendecke von 1566 (Raum 76)

Südflügel, Dachgeschoss, Spuren des ursprünglichen steileren Daches

figürlichen Eckkacheln stellen die Kardinaltugenden dar (Tapferkeit, Gerechtigkeit, Mäßigung, Weisheit), die vier Büsten an den Hauptseiten stellen die Jahreszeiten dar. Die übrigen Kacheln zeigen Fruchtgehänge und Masken, typisch für den Ohrmuschelstil des letzten Drittels des 17. Jahrhunderts.

3. Obergeschoss und Dachwerk

Das 3. Obergeschoss wurde erst 1563–1567 aufgesetzt und beherbergt die Wohnräume der Philippine Welser. Mehrere Türstürze sind inschriftlich 1566 datiert. Teilweise wird es heute als Museumsdepot genutzt, teilweise ist

Vorschloss mit Loggia zur Kernburg

Vorschloss mit Turmbau

Treppenturm im Garten

es zu besichtigen. Der nordwestliche Eckraum (65, Depot) war die Tafelstube der Philippine Welser, benachbart war ihr Saal (66, Depot), der auf der Außenseite durch einen polygonalen Erker hervorgehoben ist. Im Ostflügel gibt es entsprechend den unteren Geschossen den schmalen Flur an der Hofseite (71) mit einer Kassettendecke. Auch hier befindet sich oberhalb der Badestube eine Stube (73), deren Zugang aus dem Nachbarraum 1566 datiert ist (heute Personalraum, nicht zugänglich). Die südliche Raumflucht, einst Wohnräume des adligen Personals der Philippine, sind heute Teil der Portraitgalerie.

Das Dachwerk ist relativ flach geneigt, ein niedriger mittlerer Stuhl und zwei seitliche Reihen kurzer Stuhlsäulchen stützen die Rofen; über der Kapelle handelt es sich um ein flaches Sparrendach ohne Stuhlkonstruktion. Ältere Dachwerksteile sind nicht zu erkennen, wenige zweitverwendete Hölzer können allenfalls aus dem 16. Jahrhundert stammen oder aus einer Bauphase des endenden Mittelalters. Wenige steinerne Trennwände sind bis in das Dach hinaufgezogen und lassen dort erkennen, dass das Dach – zumindest am Südflügel – ursprünglich noch etwas flacher war als heute.

Das Vorschloss

Der übliche Rundgang durch Ambras bewirkt, dass viele Besucher das Vorschloss erst nach dem Hochschloss besichtigen, man gelangt am Vorschloss vorbei in den Park und wieder in die Unterburg hinunter. Ursprünglich ging man durch das Vorschloss in das Schloss und der Spanische Saal war vom Schloss aus zu erreichen. Das Vorschloss besteht aus einem Turm (Terrassenstöckl) und einer Loggia, der betreffende Bauteil enthielt im 16. Jahrhundert den Speisesaal, sozusagen die Hofstube, die aus der damaligen Küche direkt bedient werden konnte. Für die Hofgesellschaft gab es einen gedeckten Zugang vom ehem. Bergfried aus, schräg hinunter und über den Torweg zur Kernburg hinweg, nicht älter als 16. Jahrhundert. Das gesamte Gebäude war hier an den Felsen angebaut, unter dem Speisesaal bzw. der heutigen Loggia liegen noch zwei Wirtschaftsgeschosse.

Der Park

Die Gartenanlage besteht aus dem Wildpark im Osten des Schlosses, bewaldet und mit einem künstlichen Wasserfall versehen, sowie dem »Keuchengarten« vor dem Spanischen Saalbau. Dort überwindet ein freistehender Wendeltreppenturm aus der Zeit um 1560/70 das Gefälle zwischen den Parkebenen. Zu den Anziehungspunkten des Parks gehört die Bacchusgrotte aus der Zeit Ferdinands II. Sie ist als Höhle mit einem massiven Pfeiler und vier Gurtbögen gestaltet und wurde für den »Ambraser Willkumb«, ein Trinkritual, genutzt. Ambras verfügt damit über Teile eines vergleichsweise frühen Gartens der Renaissancezeit. Größere Teile des Gartens wurden als englischer Landschaftspark unter Erzherzog Karl Ludwig angelegt, die neben einem Schlossbesuch zum Wandeln einladen.

Bacchusgrotte, Teil des Renaissancegartens

Weiterführende Literatur

Wendelin Boeheim: Schloss Ambras in Tyrol zur Zeit der Lehensablösung desselben durch Kaiser Ferdinand I. 1564. In: Mitteilungen der k u k Zentralkommission. N.F. VII, Wien 1881, S. XXX–XXXIV.

August Gebeßler: Der profane Saal des 16 Jh. in Süddeutschland und den Alpenländern. München 1957, bes. S. 52–56

Elisabeth Scheicher: Schloss Ambras. In: Oswald Trapp. Tiroler Burgenbuch VI. Mittleres Inntal. Bozen 1982, S. 139–190 (mit einem Baualtersplan von Martin Bitschnau)

Bitschnau, Martin: Burg und Adel in Tirol zwischen 1050 und 1300. Grundlagen zu ihrer Erforschung. Wien 1983, S. 87

Elisabeth Scheicher: Schloss Ambras. In: Johanna Felmayer u. a. (Hrsg.): Die Kunstdenkmäler der Stadt Innsbruck. Die Hofbauten (Österreichische Kunsttopographie XLVII). Wien 1986, S. 509–623

Alfred Auer, Veronika Sandbichler u. a.: Schloß Ambras. Mailand 1996

Sabine Haag (Hg.): Schloss Ambras Innsbruck. Wien 2013

Haag, Sabine und Veronika Sandbichler (Hrsg.): Ferdinand II. 450 Jahre Tiroler Landesfürst. Innsbruck/Wien 2017

Mittermair, Martin: Innsbruck. Schloss Ambras. Dokumentation Kapelle und Kapellenvorraum. unpubl. Gutachten, 2004

Elisabeth Reitter, Thomas Kuster, Veronika Sandbichler: Das Nachlassinventar Erzherzog Ferdinands II. von 1596. Datenbankbasierte Edition der Inventarhandschrift des Kunsthistorischen Museums Wien – ein sammlungsübergreifendes Forschungsprojekt. Open access https://www.khm.at/erfahren/forschung/forschungsprojekte/historische-projekte/das-nachlassinventar-erzherzog-ferdinands-ii-1529-1595-von-1596-inv-nr-kk-6652/ (online ab Juni 2024)

Elisabeth Reitter: Allerlay Diener. Künstler und Handwerker am Hof Erzherzog Ferdinands II. (1567–1595), Phil. Diss., Innsbruck 2024 (im Druck)

1. Auflage 2024

Leibnizstraße 13, 93055 Regensburg
Satz: typegerecht berlin
Gesamtherstellung Verlag Schnell & Steiner
ISBN 978-3-7954-3951-4

Weitere Informationen zum Verlagsprogramm erhalten Sie unter: www.schnell-und-steiner.de

Burgen, Schlösser und Wehrbauten in Mitteleuropa Bd. 33

Herausgegeben von der

Wartburg-Gesellschaft

Bibliographische Informationen der Deutschen Nationalbibliothek: Die Deutsche Nationalbibliothek verzeichnet diese Publikation in der Deutschen Nationalbibliographie; detaillierte bibliographische Daten sind im Internet über https://dnb.de abrufbar.

Museum Schloss Ambras

Schlossstraße 20
6020 Innsbruck
+43 1 525 24-4802;
info@schlossambras-innsbruck.at
Geöffnet täglich 10:00–17:00 Uhr,
im November geschlossen
Wegen Ausstellungsumbauten können einzelne Sammlungsräume geschlossen sein.

Wege nach Ambras

Nach Ambras fahren Busse des Innsbrucker Nahverkehrs (Stadtbus und Postbus, mit unterschiedlichen Fahrkarten), das Schloss liegt nur 4 km vom Hauptbahnhof entfernt. Die direkte Autobahnabfahrt ist Innsbruck-Mitte. Als Fußgänger kann man auch östlich des Schlosses aus dem Inntal (Hermann-Gmeiner-Straße) durch den schönen Park zum Schloss hinaufgehen. Ein kostenpflichtiger Parkplatz befindet sich vor dem Schloss, ein Busparkplatz oberhalb des Schlosses.

Abbildungsnachweis

Kunsthistorische Museum Wien Museumsverband: Innentitel, 4, 5, 6, 7, 9, 10, 21, 23, 24, 25, 26, 40, 41, 45, 52 oben

Joe Rohrer: 12, 13, 14, 15, 16/17, 28 oben, 35, Joe Rohrer auf Grundlage Österreichische Kunsttopographie Band XLVII und Großmann: hintere Klappe

Österreichische Kunsttopographie Band XLVII: 47, 51, 53 oben
Übrige Aufnahmen U. Großmann

Bisher erschienen

Bd. 1: Nürnberg, Kaiserpfalz (dt. u. engl.)
Bd. 2: Büdingen, Schloß
Bd. 3: Marburg, Schloß
Bd. 4: Eisenach, Wartburg (dt., frz. u. engl.)
Bd. 5: Schleswig. Schloß Gottorf
Bd. 6: Ronneburg in Hessen
Bd. 7: Die Drei Gleichen
Bd. 8: Burg Ranis
Bd. 9: Neues Schloß in Ingolstadt
Bd. 10: Festung Wülzburg
Bd. 11: Burg Fleckenstein im Elsaß (dt. u. frz.)
Bd. 12: Moritzburg in Halle a. d. Saale
Bd. 13: Schloß Detmold
Bd. 14: Festung Jülich
Bd. 15: Schloß Horst (Gelsenkirchen)
Bd. 16: Burg Guttenberg
Bd. 17: Schloß Rheinfels
Bd. 18: Innsbruck, Goldenes Dachl
Bd. 19: Forchheim, Burg und Festung
Bd. 20: Runkelstein bei Bozen (dt. u. ital.)
Bd. 21: Bozen, Schloß Maretsch (dt. u. ital.)
Bd. 22: Trient, Castello del Buonconsiglio
Bd. 23: Felsenburgen in der Sächsischen Schweiz
Bd. 24: Füssen, Schloss
Bd. 25: Die Pfalz Wimpfen
Bd. 26: Burg Hochosterwitz in Kärnten
Bd. 27: Burg Rheinstein
Bd. 28: Burg Friedberg
Bd. 29: Das Schloss in Celle
Bd. 30: Schloss Heidelberg
Bd. 31: Zitadelle Petersberg in Erfurt
Bd. 32: Veste Heldburg, Deutsches Burgenmuseum
Bd. 33: Schloss Ambras (Innsbruck)